| JAN 1 |
| FEB 2 |
| MAR 3 |
| APR 4 |
| MAY 5 |
| JUN 6 |
| JUL 7 |
| AUG 8 |
| SEP 9 |
| OCT 10 |
| NOV 11 |
| DEC 12 |

BEER
CALENDAR

はじめに

「いつからビールが好きになったんですか？」と聞かれることがある。

　一見シンプルな質問だが、答えることはなかなか難しい。この場合の質問者が指しているビールとは、いわゆる大手ビールを含んでいないのだ。どちらも同じビールなのだが、「大手ビール」と「世界中で飲まれている多彩なビール」を別物として考えている人が多い。
　質問者の意図を汲んで言い換えるとするならば、「いつからいろいろな種類のビールを飲むようになったんですか？」となる。しかし、もともと大手ビールは大好きだし、そこから徐々に多彩なビールの世界に足を踏み入れていったので、「今日から足を踏み入れました」というターニングポイントがあるわけではない。気が付いたら両足がずっぽりはまっていたという感じだ。
　人はあるものを好きになると、それを他の人に伝えたくなる。ビールが好きだから、ビールの魅力を知っているから、それを知らない人たちに教えたい。そういった思いを持ったビールファンが、ここ数年の「クラフトビール」人気を支えているのかもしれない。
　僕もそんなビールファンと同様に、ビールのおいしさや魅力をもっと多くの人に知ってもらいたいという気持ちがある。さらに、「大手ビール」と「世界中で飲まれている多彩なビール」を分けて考えている人たちに、その垣根をとっぱらってもらいたいとも思っている。「ビール」は「ビール」であり、ビアスタイルという違いはあっても垣根はないはずだ。
　本書は、ビールの魅力を知るきっかけを提案したい、という思いから企画した。その日の出来事に合うビールを取り上げ、その日にそのビールを飲む理由を紹介している。こじつけとも言えるような組み合わせもあるが、これをきっかけにビールを飲んで、素晴らしいビールの世界を知る一助となればと思う。世界中にはまだまだ数え切れないほどのビールがあるので、あなたなりの「ビールを飲む理由」を見つけて、ビアライフを充実したものにしてほしい。乾杯！

2015年5月
富江弘幸

目次

はじめに 2

JAN FEB MAR / 1 2 3

日付	名称	頁
1月1日	ライジングサン ペールエール	10
1月2日	ミッケルズドリーム	10
1月3日	神都麥酒	11
1月4日	縁結麦酒スタウト	11
1月5日	ボンヴー	12
1月6日	インドの青鬼	12
1月7日	ブレディン1075	13
1月8日	ヴァイツェン（横浜ビール）	13
1月9日	ファントム・レギュラー	14
1月10日	グロールシュ	14
1月11日	ゴーゼ	15
1月12日	ホワイトエール（エチゴビール）	15
1月13日	シェイクスピア オートミール スタウト	16
1月14日	ディス・イズ・ラガー	16
1月15日	あまおうノーブルスイート	17
1月16日	タルラー・エクストラ・ペールエール	17
1月17日	穂和香	18
1月18日	イノベーション	18
1月19日	シュヴァルツビア（ケストリッツァー）	19
1月20日	マレッツ・トリプル	19
1月21日	グーデン・カロルス・キュヴェ・ヴァン・ド・ケイゼル・ブルー	20
1月22日	スワンレイクポーター	20
1月23日	ハイネケン	21
1月24日	アンカースチーム	21
1月25日	明治復刻地ビール	22
1月26日	ザ・ペールエール	22
1月27日	ココナッツポーター	23
1月28日	カールスバーグ	23
1月29日	ヒューガルデン禁断の果実	24
1月30日	アルト（湘南ビール）	24
1月31日	ハートランドビール	25
2月1日	シークヮーサーホワイトエール	26
2月2日	愛	26
2月3日	ラッキーバケットIPA	27
2月4日	ライオン・スタウト	27
2月5日	ロマランド	28
2月6日	農兵スチーム	28
2月7日	志賀高原IPA	29
2月8日	ジャンラン・ブロンド	29
2月9日	金蔵	30
2月10日	イザック	30
2月11日	ニッポニア	31
2月12日	インペリアルチョコレートスタウト	31
2月13日	ベルギーチョコレートスタウト	32
2月14日	チョコレートスタウト（ベアレン醸造所）	32
2月15日	ヘッドウォーター・ペールエール	33
2月16日	プレミアムレッドエール	33
2月17日	TAP7オリジナル	34
2月18日	アロガントバスタードエール	34
2月19日	餃子浪漫	35
2月20日	アロマティックエール	35
2月21日	水曜日のネコ	36
2月22日	京都麦酒 蔵のかほり	36
2月23日	5A.M. レッドエール	37
2月24日	コロナ・エキストラ	37
2月25日	ヱビスビール	38
2月26日	ブレックルズブラウン	38
2月27日	ヴァイツェン（奥入瀬ビール）	39
2月28日	ホフブロイ ドゥンケル	39
3月1日	ズウィンジー	40

日付	銘柄	ページ
3月2日	テキサスレンジャー	40
3月3日	ピーチエール	41
3月4日	ヴァイツェンテ	41
3月5日	スカイハグIPA	42
3月6日	ボトルコンディション（多摩の恵）	42
3月7日	嬬恋物語エール	43
3月8日	ビーケン	43
3月9日	雑穀ヴァイツェン	44
3月10日	W-IPA（箕面ビール）	44
3月11日	福香ビール	45
3月12日	グレゴリウス	45
3月13日	ザ・プレミアム・モルツ	46
3月14日	信州蕎麦スタウト	46
3月15日	パゴア ベルツァ・スタウト	47
3月16日	バス ペールエール	47
3月17日	ギネス エクストラスタウト	48
3月18日	グリーンバレット	48
3月19日	I Beat yoU	49
3月20日	ピンテールペールエール	49
3月21日	セリス・ホワイト	50
3月22日	ブルックリンラガー	50
3月23日	ホップヘッドレッド	51
3月24日	プリマ・ピルス	51
3月25日	496	52
3月26日	シュレンケルラ・ラオホビア メルツェン	53
3月27日	ドゥシャス・デ・ブルゴーニュ	53
3月28日	ヌグネ GPA	54
3月29日	サミエルアダムス・ボストンラガー	54
3月30日	ジャマイカ レッド エール	55
3月31日	ピンクキラー	55

APR MAY JUN
4 5 6

日付	銘柄	ページ
4月1日	ブルッグス ゾット ブロンド	58
4月2日	レイドビア ホッピーラガー	58
4月3日	ナインテイルドフォックス	59
4月4日	ペールエール（ビアへるん）	59
4月5日	ストロングエール（ソット）	60
4月6日	パンクIPA	60
4月7日	アサヒスーパードライ	61
4月8日	COEDO 伽羅-Kyara-	61
4月9日	ヴァイツェン（富士桜高原麦酒）	62
4月10日	ロンドンプライド	62
4月11日	アイランダー IPA	63
4月12日	スペースマンIPA	63
4月13日	スカルピンIPA	64
4月14日	湘南ゴールド	64
4月15日	ヘーフェヴァイツェン（ブランク）	65
4月16日	コリアンダーブラック	65
4月17日	タイガー	66
4月18日	ペールエール（伊勢角屋麦酒）	66
4月19日	フライングモンキー	67
4月20日	デ・コーニンク	67
4月21日	IPA（ラグニタス）	68
4月22日	エリズブラウン	68
4月23日	ミュンヘナー・ヘル	69
4月24日	ビッグウェーブゴールデンエール	69
4月25日	オルヴァル	70
4月26日	ピルスナー（フレンスブルガー）	70
4月27日	ホワイトウィッチ	71
4月28日	デリリュウム・トレメンス	71
4月29日	ゴールデンスワンレイクエール	72
4月30日	ジャパニーズハーブエール SANSHO	72
5月1日	ボトムアップウィット	73
5月2日	黒ブラック インペリアルスタウト	73
5月3日	ベアレン・クラシック	74
5月4日	イツハビール ケルシュ	74
5月5日	ドゥンケルラドラー	75
5月6日	大雪ピルスナー	75
5月7日	パウラーナー ヘフェヴァイスビア	76

5月8日	ゴーヤー DRY	76
5月9日	カンティヨン・グース	77
5月10日	アンバースワンエール	77
5月11日	よなよなエール	78
5月12日	クラフトセレクト ペールエール	78
5月13日	ホワイトベルグ	79
5月14日	ヴァイツェン（ビアへるん）	79
5月15日	グランドキリン	80
5月16日	キャンプファイアースタウト	80
5月17日	ヌグネ IPA	81
5月18日	クローネンブルグ1664	81
5月19日	ロシュフォール10	82
5月20日	レッドトロリーエール	82
5月21日	グリゼット・フリュイ・デ・ボワ	83
5月22日	ビター＆ツイステッド	83
5月23日	ホフブロイ マイボック	84
5月24日	ヤール ホッピー・ブロンドエール	84
5月25日	ラ・シュフ	85
5月26日	マイウルボック	85
5月27日	ビッグアイIPA	86
5月28日	セント・アンドリュース	86
5月29日	キリン一番搾り生ビール	87
5月30日	カリフォルニアサンシャインIPA	87
5月31日	YOKOHAMA XPA	88
6月1日	ピルスナー（独歩ビール）	89
6月2日	横浜ラガー	89
6月3日	ジャイプルIPA	90
6月4日	イネディット	91
6月5日	104.5エール	91
6月6日	デュベル	92
6月7日	ボディントンパブエール	93
6月8日	トゥルブレット	93
6月9日	スリーグリッドIPA	94
6月10日	ヴァルシュタイナー	94
6月11日	プリモ	95
6月12日	バルティカ No.9	95

6月13日	海軍さんの麦酒 ヴァイツェン	96
6月14日	名古屋赤味噌ラガー	96
6月15日	ペールエール（ブレストンエール）	97
6月16日	アンブラータ	97
6月17日	ブルックリンIPA	98
6月18日	ブロンシュ・ド・ブリュッセル	98
6月19日	京都周山街道麦酒 アンバーエール	99
6月20日	キュベ ジェンノーム	99
6月21日	サンフーヤン・セゾン	100
6月22日	ブラックIPA	100
6月23日	ゴールデンアイペールエール	101
6月24日	ビンタン	101
6月25日	ピルスナー（湘南ビール）	102
6月26日	オガム・アッシュ	102
6月27日	グロッテン・サンテ	103
6月28日	ホワイトバイツェン	103
6月29日	ベアレン・シュバルツ	104
6月30日	ワイルド・スワン	104

JUL 7　AUG 8　SEP 9

7月1日	社長のよく飲むビール	106
7月2日	コロナド・ゴールデン	106
7月3日	ペールエール（ナギサビール）	107
7月4日	リバティーエール	107
7月5日	ヒップスターエール	108
7月6日	十字峡	108
7月7日	ペールエール （ハーベスト・ムーン）	109
7月8日	黒船ポーター	109
7月9日	ヘラーヴァイツェンボック	110
7月10日	オールドエンジンオイル	110
7月11日	ホワイトラスカル	111
7月12日	ペールエール （常陸野ネストビール）	111

日付	名前	ページ
7月13日	坂本龍馬ビール	112
7月14日	アノステーケ・ブロンド	112
7月15日	台湾啤酒 マンゴー	113
7月16日	スーパー	113
7月17日	Far Yeast東京ブロンド	114
7月18日	千曲川のスケッチ	114
7月19日	リンデマンス・ペシェリーゼ	115
7月20日	青い空と海のビール	115
7月21日	セゾンデュポン	116
7月22日	ヘーゼルナッツ ブラウン ネクター	117
7月23日	リンデマンス・カシス	117
7月24日	「馨和KAGUA」Rouge	118
7月25日	ラーデベルガーピルスナー	118
7月26日	ファントム・ピサンリ	119
7月27日	1906 レゼルヴァ・エスペシアル	119
7月28日	01｜01 シトラセゾン	120
7月29日	ヴァイスビアヘーフェ	120
7月30日	ブロンシュ（梅錦ビール）	121
7月31日	ツム・ユーリゲ アルトビール	121
8月1日	ラ・メール	122
8月2日	フルートウィット	123
8月3日	ホップライオットIPA	123
8月4日	サッポロ生ビール黒ラベル	124
8月5日	ハードコア インペリアルIPA	124
8月6日	ウェストコーストIPA	125
8月7日	モンゴゾバナナ	125
8月8日	ルル・エスティバル	126
8月9日	グリゼット・ブロンシュ	127
8月10日	セント・ベルナルデュス・ホワイト	127
8月11日	ペールエール（シエラネバダ）	128
8月12日	リーフマンス・オン・ザ・ロック	128
8月13日	ペールエール（大山Gビール）	129
8月14日	フリュー・ケルシュ	129
8月15日	デウス	130
8月16日	カムデン ペールエール	130
8月17日	パイナップルエール	131
8月18日	赤米エール	131
8月19日	アヴィエイター・エール	132
8月20日	セゾン（デュカート）	132
8月21日	ビッグスウェルIPA	133
8月22日	ホップ香るビール	133
8月23日	Miyama Blonde	134
8月24日	キャスティールブリューン	134
8月25日	デトックス	135
8月26日	ゴーストシップ	135
8月27日	小麦のビール	136
8月28日	ヴァイスビアドゥンケル	136
8月29日	秋田美人のビール	137
8月30日	ハドーケン	137
8月31日	ミラー	138
9月1日	こぶし花ビールIPA	139
9月2日	ホーニー・デビル	139
9月3日	流氷Draft	140
9月4日	ヒューガルデン・ホワイト	140
9月5日	ヴェデット・エクストラホワイト	141
9月6日	アンバーショック	141
9月7日	スピットファイアー	142
9月8日	アルト（八海山）	142
9月9日	ストーン Go To IPA	143
9月10日	ピルスナー（小樽ビール）	143
9月11日	グレープフルーツ	144
9月12日	ヴァイツェン（大山Gビール）	144
9月13日	ピーチピルス	145
9月14日	シメイゴールド	145
9月15日	サッポロラガービール	146
9月16日	デッドポニー・ペールエール	146
9月17日	太郎左衛門	147
9月18日	ジャコバイトエール	147
9月19日	オクトーバーフェストビア（エルディンガー）	148
9月20日	ゼロ戦シングルホップIPA	148
9月21日	ヘフヴァイス（ヴァイエンステファン）	149
9月22日	セゾン1858	149

日付	銘柄	頁
9月23日	東京ブラック	150
9月24日	スモーク＆オーク・ベルジャンストロングエール	150
9月25日	パウラーナー オクトーバー フェストビア	151
9月26日	ライオン・ラガー	151
9月27日	マーネブリュッセル	152
9月28日	シュバルツ（湘南ビール）	152
9月29日	青島ビール	153
9月30日	軽井沢高原ビール ワイルドフォレスト	153

OCT NOV DEC 10 11 12

日付	銘柄	頁
10月1日	スルガベイインペリアルIPA	156
10月2日	パウラーナー サルバトール	157
10月3日	ホフブロイ オリジナルラガー	157
10月4日	ランジェルス	158
10月5日	ピルスナーウルケル	159
10月6日	レアーレ	159
10月7日	キソジプレミアムラガー	160
10月8日	セント・ベルナルデュス・アプト	160
10月9日	パウエルクワック	161
10月10日	マルール10	161
10月11日	タラス・ブルバ	162
10月12日	オクトーバーフェストビア（シュバーテン）	162
10月13日	COEDO紅赤-Beniaka-	163
10月14日	スピードウェイ・スタウト	164
10月15日	ケルシュ（ガッフェル）	164
10月16日	ギロチン	165
10月17日	ロンドンポーター	165
10月18日	アヴェンティヌス アイスボック	166
10月19日	ネグラ・スタウト	166
10月20日	エビス プレミアム ブラック	167
10月21日	ブラウンエール（伊勢角屋麦酒）	167
10月22日	ブルームーン	168
10月23日	シンハービール	168
10月24日	ジャンラン・アンバー	169
10月25日	パゴア ゴリア・レッドエール	169
10月26日	オーストリアン アンバーエール	170
10月27日	セゾンルー	170
10月28日	ブドバー	171
10月29日	ネロズブロンド	171
10月30日	ポペリンフス・ホメルビール	172
10月31日	こしひかり越後ビール	172
11月1日	ザ・プレミアム・モルツ マスターズドリーム	173
11月2日	ヘーフェヴァイツェン（デイ・オブ・ザ・デッド）	174
11月3日	Indian Summer Saison	174
11月4日	キャタピラー ペールエール	175
11月5日	アサヒスタウト	175
11月6日	ワージーペールエール	176
11月7日	リーフマンス・グリュークリーク	176
11月8日	スペシャル・エクストラ・エクスポート・スタウト	177
11月9日	サンサンオーガニックビール	177
11月10日	シュヴァルツ（ハーヴェスト・ムーン）	178
11月11日	グーデン・カロルス・クラシック	178
11月12日	ペールエール（セントアーチャー）	179
11月13日	スイートスタウト	179
11月14日	ダーティーストップアウト	180
11月15日	風味爽快ニシテ	180
11月16日	ホワイトエール（常陸野ネストビール）	181
11月17日	7:45 エスカレーション	182
11月18日	アフリゲムブロンド	182
11月19日	麦のワイン el Diablo	183
11月20日	クロニック	183
11月21日	ヘーフェヴァイスビア（フランツィスカーナー）	184
11月22日	アップルホップ	184

日付	ビール名	ページ
11月23日	オイスタースタウト	185
11月24日	エク28	185
11月25日	ドゥンケル（フレンスブルガー）	186
11月26日	タンジェリンウィート	186
11月27日	イモータルIPA	187
11月28日	ファイアーロックペールエール	187
11月29日	アヴェンティヌス	188
11月30日	ブロンドラガー（ブラックアイル）	188
12月1日	グーデン・カロルス・クリスマス	189
12月2日	ヴァイセス ニコバルIPA	189
12月3日	だいだいエール	190
12月4日	ダークラガー（奥入瀬ビール）	190
12月5日	インディカ	191
12月6日	サミクラウス	191
12月7日	マイアントニア	192
12月8日	ラウンドハウスキック	192
12月9日	アンカーポーター	193
12月10日	エクサイター IPA	193
12月11日	鎌倉ビール 月	194
12月12日	太陽のラガー	194
12月13日	金鬼ペールエール	195
12月14日	ビエールド雷電 冬仕込み	195
12月15日	ラ・トラップ・クアドルペル	196
12月16日	ローデンバッハ・グランクリュ	196
12月17日	ドライデッカーラガー	197
12月18日	Far Yeast東京ホワイト	197
12月19日	門司港驛ビール	198
12月20日	オールドフォグホーン	198
12月21日	アルト（大沼ビール）	199
12月22日	ゆずホ和イト	199
12月23日	ウェストマール・トリプル	200
12月24日	フラーズ ヴィンテージエール	200
12月25日	サンフーヤン・キュベ・デ・ノエル	201
12月26日	ストーン ルイネーション ダブルIPA 2.0	201
12月27日	ホブゴブリン	202
12月28日	サミエルスミス・オーガニックペールエール	202
12月29日	マーフィーズ アイリッシュスタウト	203
12月30日	ストラッフェ・ヘンドリック トリプル	203
12月31日	シメイブルー	204

コラム

	ページ
味わいを表現できないビール	25
ビールの記憶	56
今日は最高！な日に飲みたいビール①	88
今日は最高！な日に飲みたいビール②	138
コースターの世界	154

索引　　205

問い合わせ　　210

※曜日で日にちを限定しているものは、2015年のカレンダーに準じています。

**JAN
1**

**FEB
2**

**MAR
3**

JAN 1

01 元旦

新年の幕開けはサンライズとともに

　あけましておめでとうございます。年が明けて最初のめでたいことと言えば初日の出。今年最初の1杯は、島嶼部を除いた日本で一番最初に初日の出を拝める富士山が描かれた、めでたいラベルの「ライジングサン ペールエール」を。オレンジやグレープフルーツのフレーバーがみずみずしいボディと一体となり、絶妙なバランスを造り出している。

醸造所：ベアード・ブルーイング
生産国：日本
原材料：麦芽、麦、ホップ、糖類
アルコール度数：5.5%
問い合わせ：ベアード・ブルーイング

**ライジングサン
ペールエール**
Rising Sun Pale Ale

---

02 初夢

初夢は一富士二鷹三ビール

　新しい年の最初に見る夢、特に正月二日に見る夢を初夢という。「一富士二鷹三茄子」がいい夢だと言われるが、ビール好きが見る夢なら茄子よりビール。ミッケラーの創業者、ミッケルの夢はどんなものだろうか。グラスに注ぐとグレープフルーツなどの柑橘系アロマ、そして一口飲むとマンゴーのようなフレーバーも。いいビールでいい夢を。

醸造所：ミッケラー
生産国：デンマーク
原材料：麦芽、ホップ
アルコール度数：4.6%
問い合わせ：ウィスク・イー

ミッケルズドリーム
Mikkel's Dream

03 伊勢神宮の元始祭

飲んだ日はいつも吉日

江戸時代にもブームになったお伊勢参り。伊勢神宮に訪れる人たちのための茶店として創業したのが伊勢角屋麦酒。「神都麥酒」は、かつて明治時代の伊勢にあった同名のビールをできるかぎり忠実に再現したもの。伊勢志摩産の古代米（黒米）を使用している。ホップはカスケードを使用し、柑橘系のさわやかな香り。初詣の後にぜひ。

醸造所：伊勢角屋麦酒
生産国：日本
原材料：麦芽、ホップ、米（国産）
アルコール度数：5％
問い合わせ：二軒茶屋餅角屋本店

神都麥酒
Shinto Beer

---

04 御用始め、大発会、他

スタウトが結んだ男女の縁

伊勢を飲んだら出雲も飲もう。出雲大社では、全国の神様が集まって縁結びについて話し合うと言われている。「縁結麦酒（えんむすび〜る）スタウト」も、このビールがきっかけで結ばれた方がいたことで命名された。口当たりよくマイルドな味わいの後には、ローストの香ばしさが感じられる。ご縁がない人は初詣の際にお試しを。

醸造所：ビアへるん
生産国：日本
原材料：麦芽、ホップ、乳糖
アルコール度数：5.5％
問い合わせ：ビアへるん

えんむすび〜る
縁結麦酒スタウト
Enmusubeer Stout

JAN 1

05 新年宴会

ベルギーからの幸せの贈り物

　元々は新年のプレゼントとして醸造していたビール。好評につき通年醸造となった。甘味とフルーティーなアロマ、酵母感のバランスがとれた味わい。ボトルに書かれている文字は「デュポン醸造所より幸せとともに」という意味で、戦前の宮中で行われていた新年宴会の日にもふさわしい。新しい年を素晴らしいビールとともに。

醸造所：デュポン
生産国：ベルギー
原材料：麦芽、ホップ
アルコール度数：9.5%
問い合わせ：ブラッセルズ

ボンヴー
Bons Vœux

---

06 佐久鯉誕生の日

鯉とビールが佐久の名産

　1746年1月6日、伊勢神宮に佐久鯉料理を献上したという記録が残っていることにちなんだ日。佐久にはヤッホーブルーイングの醸造所があり、今やビールも佐久の名産（?）。正月休みでパッとしない体に、ホップの強い苦味のきいた「インドの青鬼」を流し込もう。グレープフルーツを思わせる香りも体をリフレッシュさせてくれる。

醸造所：ヤッホーブルーイング
生産国：日本
原材料：麦芽、ホップ
アルコール度数：7%
問い合わせ：ヤッホーブルーイング

インドの青鬼
Indo no Aooni

JAN 1

07 聖徳太子の千円紙幣発行（1950年）

1000円ビールと英世を交換

　聖徳太子の肖像が描かれた千円紙幣が発行された日。1963年に伊藤博文の千円紙幣が発行されるまで使われることになる。「ブレディン1075」は、現在の野口英世約1人分のお値段。グレープフルーツのアロマが立ち上り、口に含むとダージリンティーのフレーバーも。徐々に強いホップの苦味が現れる。1000円の価値を実感しながら飲もう。

醸造所：ザ・ケルト・エクスペリエンス
生産国：イギリス
原材料：麦芽、ホップ
アルコール度数：5.6%
問い合わせ：ジュート

ブレディン1075
Bleddyn 1075

---

08 横浜郵便局で外国郵便取り扱い開始（1875年）

外国郵便もビールも横浜から

　横浜郵便局（現横浜港郵便局）で、1875年のこの日から外国郵便の業務が開始された（外国郵便の創業自体は同年1月5日）。ここから徒歩10分くらいのところにある横浜ビール直営レストラン「驛の食卓」で「ヴァイツェン」を飲んでみたい。苦味はほとんどなく、酵母入りで適度なボディを感じる味わい。さわやかに漂うバナナ香が心地よい。

醸造所：横浜ビール醸造所
生産国：日本
原材料：麦芽、小麦麦芽、ホップ
アルコール度数：5.5%
問い合わせ：横浜ビール

ヴァイツェン
Hefe Weizen

JAN 1

09 『オペラ座の怪人』がブロードウェイ・ロングラン記録を更新（2006年）

ビール界のかわいい怪人

　1988年からブロードウェイで上演されている『オペラ座の怪人』。『キャッツ』のロングラン記録7485回をこの日に塗り替えた。ビールを飲むなら、ちょっとかわいい「ファントム」が描かれたこのビール。口に含んだときのイチゴフレーバーが特徴で、ふわっとファントムのように消えていく。ホップの苦味がさわやかなセゾン。

醸造所：ファントム
生産国：ベルギー
原材料：麦芽、ホップ、スパイス
アルコール度数：8%
問い合わせ：ブラッセルズ

ファントム・レギュラー
Fantôme

---

10 小石川養生所開設（1723年）

ビールを飲んで養生

　庶民のための医療施設であった小石川養生所。日本で初めてビールを飲んだと言われる徳川吉宗が開設した。吉宗が飲んだのはオランダのビールのようなので、我々庶民も将軍様と同じようにオランダビールで乾杯しよう。吉宗よりも前に生まれた1615年創業の「グロールシュ」は、淡いリンゴの香り漂うラガービール。軽い苦味の余韻が残る。

醸造所：グロールシュ
生産国：オランダ
原材料：麦芽、ホップ
アルコール度数：5%
問い合わせ：モルソン・クアーズ・ジャパン

グロールシュ
Grolsch

11 塩の日

敵にゴーゼを送る?

「敵に塩を送る」の由来となった、上杉謙信が武田信玄に塩を送ったとされる日(旧暦1569年1月11日)。塩を使ったビールは世界でもあまり例がなく、そのひとつがゴーゼ。通常のビール造りでは考えられない乳酸菌の力も借りている。まろやかさがあり、乳酸菌由来の酸味と塩味が感じられる。苦手な人にもゴーゼをごちそうしてみる?

醸造所:デルニッツァー・リッターグーツ
生産国:ドイツ
原材料:麦芽、小麦麦芽、ホップ、コリアンダー、塩
アルコール度数:4.7%
問い合わせ:ザート・トレーディング

ゴーゼ
Gose

---

12 スキーの日

新雪を思わせる白い泡

1911年の今日、オーストリア陸軍少佐によって、新潟県高田(現上越市)で初めてのスキー指導が行われたことにちなんだ日。日本で最初の地ビール醸造所エチゴビールの「ホワイトエール」をおすすめしたい。小麦麦芽を使った濁りのあるゴールドの液色に雪のような泡。ヴァイツェンのバナナ香と柑橘系の香りが心地よい。

醸造所:エチゴビール
生産国:日本
原材料:麦芽、小麦麦芽、ホップ、糖類
アルコール度数:5%
問い合わせ:エチゴビール

ホワイトエール
White Ale

JAN 1

13 シェイクスピアが『ウィンザーの陽気な女房たち』を発表（1602年）

飲めば陽気なスタウト

　イギリスの劇作家ウィリアム・シェイクスピアの喜劇『ウィンザーの陽気な女房たち』。『ハムレット』などのよく知られた作品に比べると知名度は落ちるが、日本語の書籍もあるので、シェイクスピアの名前を冠したビールを片手に読んでみたい。まろやかな口当たりで、コーヒーやキャラメルのフレーバーが口中に広がる傑作。

醸造所：ローグエール
生産国：アメリカ
原材料：麦芽、オート麦、ホップ
アルコール度数：6.1%
問い合わせ：えぞ麦酒

シェイクスピア オートミール スタウト
Shakespeare Oatmeal Stout

---

14 愛と希望と勇気の日

2頭の犬をたたえて

　『南極物語』で知られるタロとジロが南極に置き去りにされ、翌年(1959年)に生きて発見されたのがこの日。この2頭の犬の勇気をたたえた記念日には、ぜひともブリュードッグを飲みたい。「ディス・イズ・ラガー」は、ふわりとレモンの香りが漂い、モルト感もありながら、柑橘の皮のような苦味。爽快感のあるフィニッシュ。

醸造所：ブリュードッグブルワリー
生産国：イギリス
原材料：麦芽、ホップ
アルコール度数：4.7%
問い合わせ：ウィスク・イー

ディス・イズ・ラガー
THIS. IS. LAGER.

JAN
1

15 いちごの日

イチゴ何個分のフレーバー？

「いいいちご」の語呂合わせだが、11月15日ではなく今日。この頃からが出荷のピークで、12月から4月が福岡のあまおうの旬となる。そのあまおうを使ったビールが「あまおうノーブルスイート」。一口飲むと、イチゴのフレーバーが現れるが、甘味はそれほど強くない。徐々にホップ由来の苦味が現れ、フィニッシュまで持続する。デザートにも。

醸造所：ブルーマスター
生産国：日本
原材料：麦芽、ホップ、いちご果汁、糖類、砂糖、オリゴ糖、ハチミツ、クエン酸
アルコール度数：5%
問い合わせ：ケイズブルーイングカンパニー

あまおうノーブルスイート

Amaou Noble Sweet

---

16 アメリカ「禁酒法」施行

堂々と酒が飲めるいい時代

醸造所名の「スピークイージー」とは、アメリカ禁酒法時代にこっそりと営業していた地下酒場を指す隠語。1920年のこの日に「禁酒法」が施行された。ビールの名前は、禁酒法時代にも活躍したアメリカの女優タルラー・バンクヘッドから。華やかなフレーバーと軽めのボディのペールエール。もちろん今は堂々と飲める。いい時代だ。

醸造所：スピークイージー
生産国：アメリカ
原材料：麦芽、ホップ
アルコール度数：5.6%
問い合わせ：ナガノトレーディング

タルラー・エクストラ・ペールエール

Tallulah Extra Pale Ale

JAN 1

17 おむすびの日

山田錦のホワイトエール

　この日は忘れられない阪神淡路大震災の日。その炊き出しで被災者が助けられたことから、米の重要性を忘れないために制定。主食として重要な米は、一部のビールの重要な原料でもある。「穂和香」は山田錦を使用し、ホワイトエールのように仕上げたビール。すっきりした甘さで軽やかな口当たり。低アルコールなので気軽に飲める。

醸造所：小西酒造
生産国：日本
原材料：麦芽、米、小麦、ホップ、コリアンダー、オレンジピール
アルコール度数：3%
問い合わせ：小西酒造

穂和香
Howaka

---

18 ランカスター家ヘンリー7世と
ヨーク家エリザベスが結婚（1486年）

退屈な日常に革新を

　赤いバラの記章のランカスター家と白いバラの記章のヨーク家が争った薔薇戦争。両家の結婚により終結し、テューダー朝が開かれた。新しい王家が作られた「新結合」とも言える日には、「イノベーション」がふさわしい。ホップ由来の柑橘系のアロマと、適度に感じられる苦味。フィニッシュにはミカンのようなフレーバーも。

醸造所：アドナムス
生産国：イギリス
原材料：麦芽、ホップ
アルコール度数：4.2%
問い合わせ：ウィスク・イー

イノベーション
Innovation

JAN 1

19 ファウストが初演（1829年）

執筆の合間に飲んだのだろうか

　ドイツの詩人、小説家ゲーテの戯曲『ファウスト第一部』が初演。そのゲーテが愛したと言われるのが、黒ビール専門の醸造所ケストリッツァー。そのフラッグシップである「シュヴァルツビア」は、ビターチョコのフレーバーから始まり、ホップの苦味でフィニッシュ。ロースト感と下面発酵によるすっきりとした味わいを併せ持つ。

醸造所：ケストリッツァー
生産国：ドイツ
原材料：麦芽、ホップ
アルコール度数：4.8%
問い合わせ：大榮産業

シュヴァルツビア
Schwarzbier

---

20 大寒

体が温まるハイアルコール

　一年で最も寒い時期と言われる大寒。やはり寒い時にはハイアルコールビールが飲みたくなる。アルコール度数10%の「マレッツ・トリプル」はオレンジのような香りで、ややクリーム感のある口当たりから苦味へと変化していく。もともとはマレッツ修道院で醸造されていたが、現在はデュベル・モルトガットに委託されている。

醸造所：マレッツ
生産国：日本
原材料：麦芽、ホップ、糖類
アルコール度数：10%
問い合わせ：小西酒造

マレッツ・トリプル
Maredsous Tripel

JAN 1

21 ジャック・ニクラス誕生日（1940年）

重厚感たっぷりの帝王

　マスターズや全米オープンゴルフで優勝回数歴代1位を誇るジャック・ニクラスの誕生日。その強さと人気から「帝王」とも呼ばれた。今日のビールは「ケイゼル（皇帝）」という名のグーデン・カロルスを。プラムや干しブドウの香りに、ブランデーのような口当たり。しっかりとアルコール感もあり、皇帝の力強さを思わせる味わいだ。

醸造所：ヘットアンケル
生産国：ベルギー
原材料：麦芽、ホップ、カラメルモルト、小麦麦芽、コリアンダー、オレンジピール、糖類
アルコール度数：11％
問い合わせ：小西酒造

グーデン・カロルス・キュヴェ・
ヴァン・ド・ケイゼル・ブルー

Gouden Carolus Cuvée van de Keizer Blue

---

22 禁煙の日

今日は吸わんでビールを飲む

　毎月22日は禁煙の日。「2」を白鳥（スワン）に見立て、「吸わん」＝禁煙の日とした。かなり強引な設定だが、気にせずスワンレイクビールを飲もう。その中でも、香ばしいローストの苦味を感じる「スワンレイクポーター」を。口に含んだ瞬間に酸味を感じ、しっかりしたボディをすっきりとさせている。余韻はコーヒーフレーバー。

醸造所：スワンレイクビール
生産国：日本
原材料：麦芽、ホップ
アルコール度数：6％
問い合わせ：瓢湖屋敷の杜ブルワリー

スワンレイクポーター

Swan Lake Porter

23 ユトレヒト同盟成立 (1579年)

世界で飲まれるオランダ

　ネーデルラント北部7州が、スペイン王フェリペ2世に対抗して結んだユトレヒト同盟。この同盟がネーデルラント連邦共和国へと発展し、後のオランダへと続いていく。そのオランダのナショナルブランドといえばハイネケン。ライトボディのすっきりした味わいで、フィニッシュにはモルトの甘味がかすかに主張する。

醸造所：ハイネケン
生産国：オランダ（日本販売分は日本で生産）
原材料：麦芽、ホップ
アルコール度数：5%
問い合わせ：ハイネケン・キリン

ハイネケン
Heineken

---

24 ゴールドラッシュデー

濡れ手で粟のゴールドラッシュ

　1848年のこの日にカリフォルニアで金が発見され、ゴールドラッシュが始まった。ちょうどゴールドラッシュの時期に人気になったのがスチームビール。ラガー酵母をエール酵母のように高い温度で発酵させることで、ラガーのすっきりした味わいとエールの華やかな香りを併せ持つビールに。スチームのように泡がモクモクとあふれ出す。

醸造所：アンカーブルーイング
生産国：アメリカ
原材料：麦芽、ホップ
アルコール度数：4.9%
問い合わせ：三井食品

アンカースチーム
Anchor Steam Beer

JAN 1

25 明治時代開始

近代日本の夜明けはビールとともに

　1868年のこの日が旧暦明治元年1月1日。「明治復刻地ビール」は、明治時代に「JAPAN BEER」としてビールを醸造していた石川酒造が、創業150周年を記念して醸造したもの。ボトルには当時のラベルを復刻して使用している。ブドウを思わせる香りで、口に含むとカラメルの甘味。苦味は瞬間的に感じるがそれほど強くない。

醸造所：石川酒造
生産国：日本
原材料：麦芽、ホップ
アルコール度数：5.5%
問い合わせ：石川酒造

明治復刻地ビール
JAPAN BEER

---

26 オーストラリアデー

豪州産ホップの魅力たっぷり

　1788年にイギリスからの入植者がオーストラリアに到着した日。今日はオーストラリアのビールの中でも、イギリス発祥のペールエールをチョイスしたい。本家イギリスよりも透き通った淡いゴールドの色合い。ホップはギャラクシーを使用しており、パッションフルーツのような香りが口中で広がる。雑味がなくすっきりした苦味。

醸造所：オーストラリアン・ブルワリー
生産国：オーストラリア
原材料：麦芽、オーツ麦、ホップ
アルコール度数：4.8%
問い合わせ：小西酒造

ザ・ペールエール
The Pale Ale

27

曙が外国人力士として初めて横綱に昇進（1993年）

横綱級のハワイ感

ハワイ・オアフ島出身の曙太郎が外国人として初めて横綱(第64代)に昇進した日。今日飲んでみたいのは、彼の出身地ハワイの「ココナッツポーター」。ローストしたココナッツを原料として使用しており、ココナッツのフレーバーが口の中からあふれだす。ポーターのロースト感にまろやかさがプラスされ、口当たりもよい。

醸造所：マウイブリューイング
生産国：アメリカ
原材料：麦芽、ホップ、ココナッツ
アルコール度数：6％
問い合わせ：ナガノトレーディング

ココナッツポーター
CoCoNut PorTeR

28

レゴが特許申請（1958年）

オトナはビールで遊ぶ

デンマークのプラスチック玩具レゴ。多くの人が子どもの頃に遊んだこのブロックのデザインについて、レゴ社がこの日に特許を申請した。同じデンマークのナショナルブランドともいえる「カールスバーグ」は、さわやかで麦の旨味が感じられる。飲みながらレゴで遊んでみると、子どもの頃とは違った感性が見つかるかも？

醸造所：カールスバーグ
生産国：デンマーク（日本販売分は日本で生産）
原材料：麦芽、ホップ
アルコール度数：5％
問い合わせ：サントリービール

カールスバーグ
Carlsberg

JAN 1

29 人口調査記念日

ルーベンスのパロディ

ラベルはルーベンスの「アダムとイヴ」のパロディ。2人が手にしているものなど、ルーベンスの絵との違いを探しながら飲むのも面白い。口に含むと、干しブドウのような香りと甘味。強めのボディにスパイス感がアクセントを加えている。旧約聖書ではこの2人が最初の人間だが、今や人口調査が必要なほどになってしまった。

醸造所：ヒューガルデン
生産国：ベルギー
原材料：麦芽、ホップ、コリアンダー、オレンジピール
アルコール度数：8.5%
問い合わせ：廣島

**ヒューガルデン
禁断の果実**

Hoegaarden Forbidden Fruit

---

30 「湘南型電車」が完成（1950年）

古き良き湘南を思いながら

「湘南色」と呼ばれるオレンジと緑のカラーリングで東海道本線の湘南地域を走る「湘南型電車」。その第1号である国鉄の80系電車がこの日に完成した。湘南に縁のある日は湘南ビール「アルト」を飲みたい。ダージリンのような香りとカラメルの甘味が感じられ、軽やかだが落ち着いた味わい。湘南の古き良き電車に思いを馳せながら。

醸造所：熊澤酒造
生産国：日本
原材料：麦芽、ホップ
アルコール度数：5%
問い合わせ：熊澤酒造

アルト

Alt

31 愛妻家の日

日本の平和は1杯のビールから

　この日の午後8時に、全国の夫が食卓で妻に感謝とねぎらいの言葉をかけると、日本は少し平和になるかもしれない、という日本愛妻家協会が制定した記念日。その食卓に「ハートランド」があると、もっと日本は平和になるに違いない。やわらかいモルトの甘味とすがすがしいホップの苦味。夫婦で注ぎ合うとさらにおいしく感じられるはずだ。

醸造所：キリンビール
生産国：日本
原材料：麦芽、ホップ
アルコール度数：5%
問い合わせ：キリンビール

ハートランドビール
Heartland Beer

JAN 1

味わいを表現できないビール

　2014年、娘が産まれた。その日はとっておきのビールを飲みたいと思っていたので、どんなビールを飲もうかと何カ月も前から考えていた。
　普段は手が出ない高額ビールにしようか、なかなか入手できない限定ビールにしようか……と、子どもの名前をどうするかということと同じくらい考えていたかもしれない。仕事で外出したついでに酒屋でビールを物色したり、原稿を書く合間にビール本を開いて検討したり。もっとその労力を子どものために使えばいいのに……と我ながら思ったりもした。しかし、子どもが産まれるということは、それくらい自分にとっては嬉しいことであり、待ち望んでいたことだったのだ。
　と考えたときに、キーワードとして思い浮かんだのが「待ち望む」ということ。そういえば、石川酒造の多摩の恵「ボトルコンディション」(P40)を、自宅で3年半ほど寝かせていたのだった。飲むならその日しかない。
　そして、無事娘が産まれた日、自宅でひとり「ボトルコンディション」を飲んだ。ビールのインプレッションを書くことが仕事ではあるが、この時のビールの味わいはなかなか文章で表現できない。何年か後、娘に聞かれるときまで、自分の心の中にしまっておこうと思う。

FEB 2

01 琉球王国建国記念の日

一大産地沖縄ならでは

　1425年2月1日に明が尚巴志を琉球国王として認定したという書簡が残っていることから制定された。今日は沖縄ならではのシークヮーサーを使ったホワイトエール。一口飲むと、まさにシークヮーサーを思わせる甘味と酸味。さわやかなライトボディで、最初から最後までシークヮーサーフレーバーが口の中で感じられる。

醸造所：ヘリオスブルワリー
生産国：日本
原材料：麦芽、ホップ、糖類、シークヮーサー果汁
アルコール度数：5%
問い合わせ：ヘリオス酒造

シークヮーサーホワイトエール
Sheequarsar White Ale

---

02 夫婦の日

そこに愛は……、あります。

　子どもの日や敬老の日はあるのに、なぜ夫婦の日はないのか、という疑問がこの日の由来。夫婦の愛を確かめ合うという意味では、この日には那須高原ビール「愛」しかない。那須の雪解け水で醸造したすっきりとした飲み口で、麦の旨さが感じられる。宮内庁御用達ビールでもある。普段愛を贈っていない人は、この機会に贈るのが吉。

醸造所：那須高原ビール
生産国：日本
原材料：麦芽、ホップ
アルコール度数：5%
問い合わせ：那須高原ビール

愛
Ai

03 節分

オトナの「福は内」

「鬼は外、福は内」と言って、本気で豆を投げた子どもの頃。歳の数だけ豆を食べるのも大変になってきたオトナは、豆とは違った幸運(lucky)を口の中に入れてみよう。ラッキーバケットIPAは、アマリロ、センテニアル、カスケードの3種類のホップを大量に使用。ドライホッピングで華やかなアロマが香る。きっと口中に幸せが広がるはず。

醸造所：ラッキーバケット・ブルーイング
生産国：アメリカ
原材料：麦芽、ホップ
アルコール度数：5.3%
問い合わせ：AQベボリューション

ラッキーバケット IPA
Lucky Bucket IPA

FEB 2

---

04 スリランカ独立記念日

かの MJ が絶賛のスタウト

1948年にイギリス連邦内の自治領として独立したことを記念。当時はセイロンという国名で、1972年に共和制へ移行した際にスリランカ共和国と国名を改めた。スリランカといえば、歌わないほうのマイケル・ジャクソンが絶賛したこのビール。チョコレートを思わせるほのかな甘味があり、まろやかな口当たりで、寒い日の夜にぴったり。

醸造所：ライオンブリュワリー
生産国：スリランカ
原材料：麦芽、ホップ
アルコール度数：8.8%
問い合わせ：池光エンタープライズ

ライオン・スタウト
Lion Stout

FEB 2

05 チャップリンの映画『モダンタイムス』が公開（1936年）

サンディエゴからのさわやかセゾン

チャップリンの映画『モダンタイムス』が1936年のこの日に封切られた。このビールの醸造所名は映画とは関係なく、ニューヨーク州にあった社会主義者のコミュニティから名付けられたという。その定番ビール4種のうちのひとつが「ロマランド」。モルト感があり、さわやかなホップの苦味とスパイスのアクセントが一体となったセゾン。

醸造所：モダンタイムス
生産国：アメリカ
原材料：麦芽、ホップ
アルコール度数：5.5%
問い合わせ：ナガノトレーディング

ロマランド
Lomaland

---

06 ベーブ・ルース誕生日（1895年）

農民と兵士のハイブリッド

ベーブ・ルースは現役通算ホームラン数714本の強打者だったが、実は投手としても90勝以上を上げているハイブリッドな選手だった。カリフォルニアコモンスタイルも、ラガーとエール両方の特徴を持つハイブリッド。反射炉ビヤ「農兵スチーム」もカリフォルニアコモンスタイルで、甘く華やかな香りがあり、爽快感のある味わいも。

醸造所：反射炉ビヤ
生産国：日本
原材料：麦芽、ホップ
アルコール度数：5%
問い合わせ：蔵屋鳴沢

農兵スチーム
Nohei Steam

07 長野オリンピック開幕（1998年）

長野から世界に伝えたいIPA

　スキージャンプ競技ラージヒル団体の金メダルなど、日本中を感動させた長野オリンピックがこの日に開幕。アルペン競技では志賀高原のスキー場を使用したこともあり、今日は「志賀高原IPA」の苦味を堪能したい。強いホップのアロマと苦味が特徴的だが、それを支えるボディの素晴らしさも特筆すべきところ。ニッポンの誇れるIPA。

醸造所：玉村本店
生産国：日本
原材料：麦芽、ホップ
アルコール度数：6%
問い合わせ：玉村本店

志賀高原IPA
Shiga Kogen IPA

---

08 ジュール・ヴェルヌ誕生日（1828年）

落ち着いたビールで夜の読書

　『海底二万里』、『十五少年漂流記』などの作品で知られる、フランスを代表する小説家ジュール・ヴェルヌの誕生日。子どもの頃に読んだことがある人も多いと思うが、「ジャンラン・ブロンド」を飲みながら読み返してみてはどうだろうか。しっかりしたボディにホップの苦味。梨のような余韻が残る。夜の読書にぴったりの1杯。

醸造所：ブラッスリー・デュイック
生産国：フランス
原材料：麦芽、ホップ、糖類
アルコール度数：7.5%
問い合わせ：F.B.Japan

ジャンラン・ブロンド
Jenlain Blonde

FEB 2

09 伊能忠敬が蝦夷南東海岸と奥州街道の略地図を江戸幕府に提出（1801年）

測量後の忠敬にも飲ませたい

　伊能忠敬が幕府に提出した地図の測量をしていたのは1800年。この頃、奥州測量後に通ったであろう一関では、世嬉の一酒造がすでに創業しており、ここで酒を飲んでいたかもしれない。ビール好きは、その世嬉の一酒造が造る「金蔵」を飲もう。青リンゴのようなすっきりした甘味の後に、爽快な苦味。あなたも仕事の後にぜひ。

醸造所：いわて蔵ビール
生産国：日本
原材料：麦芽、ホップ
アルコール度数：5%
問い合わせ：世嬉の一酒造

金蔵
Kinkura

---

10 トリノオリンピック開幕（2006年）

イタリア初のホワイトビール

　フィギュアスケート女子シングルで荒川静香が金メダルを獲得したトリノオリンピック。「イザック」を造るバラデンは、そのトリノと同じピエモンテ州にある。豊かな泡立ちで、コリアンダーやオレンジピールの混じった香り。クリーミーで軽やかな口当たりから、すっきりした後味に。カーボネーションも弱めで、スルスルっと飲める。

醸造所：バラデン
生産国：イタリア
原材料：麦芽、小麦、ホップ、糖類、オレンジピール、コリアンダー
アルコール度数：5%
問い合わせ：三井食品

イザック
Isaac

11 建国記念の日

ニッポンの恵みに感謝

　古き良きニッポンのビール。「金子ゴールデン」という日本で開発されたビール麦の原種と、日本で生まれたホップ「ソラチエース」を使用しており、その名前に偽りなし。日本の建国記念の日にふさわしいビールだ。ソラチエースのレモンを思わせるフレーバー、深いボディにアクセントとなるスパイシーさ。ニッポンが誇るビール。

醸造所：常陸野ネストビール
生産国：日本
原材料：麦芽、ホップ
アルコール度数：8%
問い合わせ：木内酒造

ニッポニア
Nipponia

---

12 メリーチョコレートがハート型チョコレートを販売（1958年）

チョコレートビールの先駆け

　メリーチョコレートは、日本のバレンタインチョコレート販売の先駆けと言われている。一方、チョコレートビールで人気を博しているのがサンクトガーレン。そのほろ苦さはまさにチョコレート。熟成させることで違った味わいも期待できるので、2本購入して1本は来年飲むために取っておいてもいいだろう。毎年1月から限定発売。

醸造所：サンクトガーレン
生産国：日本
原材料：麦芽、ホップ
アルコール度数：9%
問い合わせ：サンクトガーレン

**インペリアル
チョコレートスタウト**
Imperial Chocolate Stout

13 バレンタイン前日

日本とベルギーの共同醸造

　翌日に迫ったバレンタイン。チョコレートやスイーツを贈るのもいいが、チョコレートビールはいかがだろうか。ベルギーのデ・ラ・セーヌ醸造所とRio Brewing & Co.菅原亮平氏の共同醸造であるこのビールは、ビターチョコレートのようなほろ苦さと甘味が両立。コーヒーやナッツのフレーバーもあり、チョコレートと一緒に飲んでみるのもいい。

醸造所：Rio Brewing & Co.
生産国：ベルギー
原材料：麦芽、糖類、ホップ、大麦
アルコール度数：5%
問い合わせ：M's Kitchen

ベルギーチョコレートスタウト
Belgian Chocolate Stout

---

14 バレンタインデー

質実剛健なチョコレートビール

　いまやバレンタインには様々なチョコレートビールが発売されているが、元祖と言えるのがベアレンの「チョコレートスタウト」。チョコレートやカカオ、香料を一切使用せず、モルトとホップだけで醸造。チョコレートモルトによって、甘味を控えたカカオの風味を醸し出している。1人でも2人で飲んでも芳しいチョコの余韻。

醸造所：ベアレン醸造所
生産国：日本
原材料：麦芽、ホップ
アルコール度数：6.5%
問い合わせ：ベアレン醸造所

チョコレートスタウト
Chocolate Stout

15 ヴィクトリー・ブルーイング創業（1996年）

レモンの香り漂う創業記念日

　アメリカ・ペンシルベニア州ダウニングタウンにて、1996年に創業したヴィクトリー・ブルーイング。同醸造所を代表するこのビールは、レモンを思わせるさわやかな香りのペールエール。甘味は強くなく、ホップの苦味が強調されている。最高にうまいのは夏なのだろうが、今日はこのビールを世に出した醸造所に乾杯したい。

醸造所：ヴィクトリー・ブルーイング
生産国：アメリカ
原材料：麦芽、ホップ
アルコール度数：5.3%
問い合わせ：AQ ベボリューション

ヘッドウォーター・ペールエール
Headwaters Pale Ale

---

16 エチゴビールが営業開始（1995年）

全国第一号地ビールの実力

　1994年の酒税法改正によって、全国で地ビールが造られるようになった。その先駆けと言えるのがエチゴビール。1994年12月に醸造免許を取得し、1995年2月から営業を開始した。その定番商品のひとつがこのビール。ホップのフレッシュな青い香りとカラメル香のコンビネーション、そしてホップのじんわりとした苦味で引き締まる。

醸造所：エチゴビール
生産国：日本
原材料：麦芽、ホップ
アルコール度数：5.5%
問い合わせ：エチゴビール

プレミアムレッドエール
Red Ale

FEB 2

17 シーボルト誕生日（1796年）

ドイツの伝統を伝えるヴァイス

江戸時代の日本に西洋医学を伝えたドイツの医師、シーボルトの誕生日。1866年にはドイツに戻り、ミュンヘンで死去する。その6年後からミュンヘンでビールを造り始めたのがシュナイダー・ヴァイセ。「TAP7オリジナル」は創業時のレシピで今でも変わらず造られている。バナナ、リンゴのアロマ。口に含むと小麦由来の酸味が現れる。

醸造所：シュナイダー・ヴァイセ
生産国：ドイツ
原材料：麦芽、小麦麦芽、ホップ
アルコール度数：5.4%
問い合わせ：昭和貿易

TAP7 オリジナル
TAP7 Unser Original

---

18 レーガノミクス発表（1981年）

「強いアメリカ」の代表的ビール

アメリカ経済を立て直すために、レーガン大統領が「強いアメリカ」を再生するとして打ち出した政策がレーガノミクス。ならば、ビールも「強いアメリカ」といこう。カラメルや完熟マンゴー、ブドウのニュアンスに、しっかりとしたホッピーな味わい。ウェブサイトにも"This is an aggressive ale"とある、強気なアメリカビール。

醸造所：ストーン
生産国：アメリカ
原材料：麦芽、ホップ
アルコール度数：7.2%
問い合わせ：ナガノトレーディング

アロガントバスタードエール
Arrogant Bastard Ale

19

2015年春節（ギョーザの日）

縁起物のギョーザにはビール！

　中国では、春節（旧正月）にギョーザを食べる習慣があることから、味の素冷凍食品が春節をギョーザの日に制定した。日本でギョーザといえば宇都宮。宇都宮餃子会とろまんちっく村クラフトブルワリーが共同開発したのがこのビール。スタイルはメルツェンで、モルトの甘味が感じられるしっかりしたボディと香ばしさがギョーザにマッチ。

醸造所：ろまんちっく村クラフトブルワリー
生産国：日本
原材料：麦芽、ホップ
アルコール度数：6.5%
問い合わせ：ろまんちっく村クラフトブルワリー

餃子浪漫
Gyoza Roman

20

愛媛県政発足記念日（1873年）

愛媛県とほぼ同じ歴史の酒蔵ビール

　1871年の廃藩置県後、合併と名称変更を繰り返し、1873年のこの日に愛媛県が発足。他県でいうところの県民の日に当たる。愛媛を代表する梅錦山川はこの前年に創業。「アロマティックエール」の熟した果実のような香りに酔いたい日だ。アルコール度数を感じさせない、プルーンのようなフレーバーを持ったしっかりボディ。

醸造所：梅錦ビール
生産国：日本
原材料：麦芽、ホップ
アルコール度数：8.5%
問い合わせ：梅錦山川

アロマティックエール
Aromatic Ale

FEB 2

21 漱石の日

猫好きはジャケ買い必至

　この日は、1911年に小説家夏目漱石が文部省からの博士号を辞退するという手紙を送った日。その漱石の代表作『吾輩は猫である』にちなんで、今日はこのネコビールを飲んでみたい。さわやかな香りと酸味を感じるベルジャンホワイト。ベルジャンらしいスパイシーさも。飲み過ぎてかの猫のように大変なことになるのは避けたい。

醸造所：ヤッホーブルーイング
生産国：日本
原材料：麦芽、小麦麦芽、ホップ、コリアンダーシード、オレンジピール
アルコール度数：4.5%
問い合わせ：ヤッホーブルーイング

水曜日のネコ
Suiyoubi no Neko

---

22 応仁の乱（1467年）

清酒酵母が醸すビール

　京都は太平洋戦争でほとんど空襲の被害に遭わず、京都では「先の戦争」とは応仁の乱だという人も。その応仁の乱は2月22日（旧暦1月18日）から始まった。京都・伏見の清酒メーカー黄桜が造る「蔵のかほり」は清酒酵母を使用。吟醸香を思わせるフルーティーな香りが感じられ、ボディも軽く全体的にすっきりとまとまっている。

醸造所：キザクラカッパカントリー麦酒工房
生産国：日本
原材料：麦芽、ホップ
アルコール度数：4%
問い合わせ：黄桜

京都麦酒 蔵のかほり
Kyoto Bakushu Kuranokahori

23 徳川綱吉誕生日（1646年）

世界で評価されるお犬様

　1646年のこの日（旧暦1月8日）、犬公方とも言われた徳川綱吉が生まれた。「生類憐れみの令」をはじめ「悪政」を行ったとされるが、近年では再評価されつつある。イギリスの「お犬様」が造る「5A.M. レッドエール」は、モルトのカラメル感とグレープフルーツ香が魅力。適度な苦味が最後に感じられ、ついつい次の1杯を飲んでしまう。

醸造所：ブリュードッグブルワリー
生産国：イギリス
原材料：麦芽、ホップ
アルコール度数：5%
問い合わせ：ウィスク・イー

5A.M. レッドエール
Five AM Red Ale

---

24 メキシコ国旗の日

メキシコのフラッグシップ

　スペインからの独立を果たし、皇帝が国旗を制定した日をメキシコでは「国旗の日」としている。そのメキシコのナショナルブランドと言ってもいいビールが「コロナ・エキストラ」。透明なボトルに満たされた黄金の液体はライトで軽快な口当たり。カットライムを入れることで風味がプラスされ、さらに爽快な味わいに変化する。

醸造所：グルーポ モデロ
生産国：メキシコ
原材料：麦芽、ホップ、コーン
アルコール度数：4.5%
問い合わせ：モルソン・クアーズ・ジャパン

コロナ・エキストラ
Corona Extra

FEB 2

25 ヱビスの日

飲めばみんなえびす顔

　2011年、日本記念日協会に毎年2月25日は「ヱビスの日」と認定された。その後、1928年には地名が恵比寿になるなど、「ヱビスビール」のブランドを確立し、現在まで続いている。長期熟成により麦芽の旨味をしっかり引き出した味わい。ドイツ・ハラタウのホップとヱビス酵母による芳醇な香りが、後味として追いかけてくる。

醸造所：サッポロビール
生産国：日本
原材料：麦芽、ホップ
アルコール度数：5%
問い合わせ：サッポロビール

ヱビスビール
YEBISU

---

26 咸臨丸の日

醸造所の古いレシピをヒントに

　1860年のこの日(旧暦)、勝海舟を艦長とした江戸幕府の咸臨丸がサンフランシスコに到着。同じ1800年代後半のサンフランシスコではアンカーブルーイングが創業している。「ブレックルズブラウン」は、醸造所に残る古いレシピをヒントに醸造。シトラをドライホッピングで使用し、シトラスフレーバーが香ばしいモルトの風味と交じり合う。

醸造所：アンカーブルーイング
生産国：アメリカ
原材料：麦芽、ホップ
アルコール度数：6%
問い合わせ：三井食品

ブレックルズブラウン
Brekle's Brown

27 東北新幹線の八甲田トンネルが貫通（2005年）

奥入瀬のさわやかなビール

　複線の陸上鉄道トンネルとしては世界最長（26km）となる八甲田トンネルが貫通。2010年から東北新幹線八戸〜新青森間開通（P190）に伴って供用開始となった。八甲田トンネルの起点である七戸町の南、十和田市にある奥入瀬ビールで、貫通を祝いたい。「ヴァイツェン」は軽やかな口当たりで、バナナを思わせるフルーティーさが魅力。

醸造所：奥入瀬麦酒館 OIRASE Brewery
生産国：日本
原材料：麦芽、小麦麦芽、ホップ
アルコール度数：5%
問い合わせ：十和田湖ふるさと活性化公社

ヴァイツェン

Weizen

FEB 2

28 ユーロ切り替え完了（2002年）

ドイツ経済を応援しよう

　EUにおいてユーロ導入が決定し、導入国では2002年2月までに各国通貨からユーロへの移行が完了した。その記念日には欧州経済を支えているドイツに敬意を表して、ドイツビールで乾杯。カラメル、ローストの風味を持つ「ホフブロイ ドゥンケル」はやわらかい喉越し。ドイツビールをたくさん飲めば、EU経済も改善するかも？

醸造所：ホフブロイ・ミュンヘン
生産国：ドイツ
原材料：麦芽、ホップ
アルコール度数：5.5%
問い合わせ：アイエムエーエンタープライズ

ホフブロイ ドゥンケル

Hofbräu Dunkel

01 豚の日

MAR 3

賢い豚に敬意を表して

　アメリカで、賢い動物である豚に敬意を表する日。豚肉料理を振る舞うことで、豚への感謝をより一層深めるのだが、ビール好きは、かわいい豚が描かれた「ズウィンジー」を飲んで敬意を表したい。ややアルコールを感じるやわらかな甘味とスパイシーさのハーモニーが魅力。後味はスッと消えていく。豚肉料理と合わせるのもいい。

醸造所：ヴァン・スティーンベルグ醸造所
生産国：ベルギー
原材料：麦芽、糖類、米、ホップ
アルコール度数：8%
問い合わせ：M's Kitchen

ズウィンジー
Zwijntje

---

02 テキサス共和国が独立を宣言(1836年)

口から火を吹く……、ほどではない

　テキサス・レンジャーは、元々はテキサス独立戦争でも活躍した民兵組織。今ではテキサス州公安局の一組織となっており、テキサス・レンジャーズもここから命名されている。その名前を冠したビールは、チポトレというハラペーニョを燻製にして使用。すぐに辛さがやってくる。テキサス共和国が独立を宣言した日に刺激的なビールを。

醸造所：ミッケラー
生産国：デンマーク
原材料：麦芽、ホップ、スイートチリペッパー
アルコール度数：6.6%
問い合わせ：ウィスク・イー

テキサスレンジャー
Texas Ranger

03 桃の節句

少し桃酒召されたか……

　もともと旧暦3月3日が桃の花の咲く時期だったため桃の節句と言われたが、新暦でも3月3日になっており、花の時期とは少しずれる。桃の節句には白酒だが、桃を使った「ピーチエール」もいいだろう。口に含むと感じる酸味が、桃をほおばった瞬間を思い起こさせる。甘味は控えめで、鼻の奥から桃の香りが漂い、後味のキレもよい。

醸造所：福島路ビール
生産国：日本
原材料：液糖、麦芽、ホップ、果汁、香料
アルコール度数：6%
問い合わせ：福島路ビール

ピーチエール
Peach Ale

---

04 ビバルディ誕生日（1678 年）

イタリアンクラフトの春

　イタリア生まれの作曲家アントニオ・ビバルディ。代表的な曲「四季」の「春」を聞きながら、春に合うイタリアの「ヴァイツェンテ」を味わいたい。名前から想像できるように、ヴァイツェン酵母に中国茶を使用。バナナ香にお茶のタンニン、アメリカンホップのハーブのような味わいが見事にバランス。ドライでなめらかな後味。

醸造所：ビリフィーチョ・グラド プラト
生産国：イタリア
原材料：麦芽、ホップ、中国茶
アルコール度数：4.5%
問い合わせ：The Counter

ヴァイツェンテ
Weizentea

05 スチュワーデスの日

この女性にも熱狂的ファンが……?

かつては「スチュワーデス」と呼ばれていた「客室乗務員」。日本初の「スチュワーデス」採用試験の合格発表日が1931年の今日だった。タバコを吸っている不機嫌そうな客室乗務員が描かれた「スカイハグIPA」は、その表情同様、かなりの苦味。最初から最後まで、柑橘系フレーバーとホップの苦味が襲う。熱狂的なホップ好きにはたまらない。

醸造所：エアウェイズブリューイング
生産国：アメリカ
原材料：麦芽、ホップ
アルコール度数：7.8%
問い合わせ：エバーグリーン

スカイハグ IPA
Sky Hag IPA

---

06 三多摩（西多摩郡、南多摩郡、北多摩郡）を東京都に編入（1893年）

熟成によって味わいが変化

三多摩が東京都に編入。現在の東京都のほぼ23区以外の地域で、それまでは神奈川県だった。西多摩郡に属していた福生には多摩の恵を造る石川酒造があり、今日は「ボトルコンディション」を飲んでみたい。ボトル詰め数カ月はキリッとした味わいだが、8〜9カ月くらいからは熟したフルーツのような味わいが感じられるようになる。

醸造所：石川酒造
生産国：日本
原材料：麦芽、ホップ
アルコール度数：5.5%
問い合わせ：石川酒造

ボトルコンディション
Bottle Conditioned

07 吾妻線全線開業（1971年）

嬬恋はキャベツだけじゃない

吾妻線の長野原駅（現長野原草津口駅）から大前駅まで延伸開業。温泉とスキーとキャベツで知られる嬬恋村の玄関口となった。大前駅から車で15分ほど、浅間山を南に見るところには醸造所もある。その「エール」は、カスケードとシトラでドライホッピングした柑橘フレーバーが魅力のビール。4%のアルコール度数で気軽に飲める。

醸造所：嬬恋高原ブルワリー
生産国：日本
原材料：麦芽、大麦、ホップ
アルコール度数：4%
問い合わせ：嬬恋高原ブルワリー

嬬恋物語 エール
Tsumagoi Monogatari ALE

MAR 3

---

08 みつばちの日

ハチミツを使ったミツバチビール

「3（みつ）8（ばち）」の語呂合わせで制定。同様の語呂合わせで8月3日は「はちみつの日」にもなっている。フラマン語で「小さなミツバチ」を意味する「ビーケン」は、ハチミツを使用しているので、飲む理由としてはどちらも最適だ。ハチミツやバナナのフレーバーに、アルコール度数8.5%を感じさせないまろやかな口当たり。

醸造所：ボーレンス
生産国：ベルギー
原材料：麦芽、ホップ、ハチミツ
アルコール度数：8.5%
問い合わせ：ベルギービールJapan

ビーケン
Bieken

MAR 3

09 雑穀の日

雑穀のエース級を投入

　日本雑穀協会が定めた雑穀の日。同協会は雑穀を「日本人が主食以外に利用している穀物の総称」としている。つまり米以外の穀物。それらを使った「雑穀ヴァイツェン」こそ、この日のビールにふさわしい。「雑」という言葉のイメージとは逆にきれいな口当たり。酵母入りで丸みがある味わい。口から鼻に抜けるバナナ香が心地よい。

醸造所：麦雑穀工房マイクロブルワリー
生産国：日本
原材料：麦芽、小麦、ライ麦、キビ、アワ、ホップ
アルコール度数：5％
問い合わせ：麦雑穀工房マイクロブルワリー

雑穀ヴァイツェン
Zakkoku Weizen

---

10 箕面有馬電気軌道の石橋駅〜箕面駅間が開業（1910年）

箕面山の猿もびっくり

　現在の阪急電鉄である箕面有馬電気軌道の石橋駅〜箕面駅間が開業。箕面市は大阪府北部に位置し、箕面山がニホンザルの生息地としても知られているが、ビール好きにとっては箕面ビール。「W-IPA」は、カスケードの強い苦味をどっしりとしたボディが受け止めている。モルトと柑橘系フレーバーの見事な調和をじっくりと楽しみたい。

醸造所：箕面ブリュワリー
生産国：日本
原材料：麦芽、ホップ
アルコール度数：9％
問い合わせ：箕面ビール

W-IPA
W-IPA

11

東日本大震災（2011年）

ビールを飲んで東北復興！

　東日本大震災の津波被害を受けた北里大学釜石バイオテクノロジー研究所。その瓦礫に埋もれていた冷蔵庫の中から復活させた、石割桜の酵母を使用したのが「福香ビール」。東北復興支援ビールとして、売上の一部を復興に役立てている。ホワイトエールを思わせる香りとまろやかな口当たり。かすかな酸味がより香りを引き立たせる。

醸造所：いわて蔵ビール
生産国：日本
原材料：麦芽、ホップ
アルコール度数：4%
問い合わせ：世嬉の一酒造

福香ビール
Fukuko Beer

12

ローマ教皇グレゴリウス1世の忌日（604年）

古の教皇に思いを馳せて

　グレゴリウス1世は中世前期を代表するローマ教皇。教皇の名前から名付けられたのかどうかは不明だが、ビールの「グレゴリウス」は、ハチミツを使用したハイアルコールでフルボディのダークエール。濃厚な甘味と持続するローストの苦味が印象的だ。エンゲルッツェルは2012年に新しくトラピストプロダクツとして認められた。

醸造所：エンゲルッツェル修道院
生産国：オーストリア
原材料：麦芽、ハチミツ、ホップ
アルコール度数：9.7%
問い合わせ：Jena

グレゴリウス
GREGORIUS

13 新しいザ・プレミアム・モルツ発売（2012年）

MAR 3

順調でも革新を続けるブランド

　これまで順調に売上を伸ばしてきた「ザ・プレミアム・モルツ」だが、2012年にあえてその味を変更した。「リニューアル」ではなく「リバイタライズ（再活性化）」。さらにその勢いが増すことにつながった。レモンの皮にも通じるさわやかさと、モルトの甘味、ホップの苦味がじんわりと舌に染みこんでいく。飲む時はぜひグラスに注いで飲もう。

醸造所：サントリービール
生産国：日本
原材料：麦芽、ホップ
アルコール度数：5.5%
問い合わせ：サントリービール

ザ・プレミアム・モルツ
The Premium Malt's

---

14 北陸新幹線長野以北開業（2015年）

温泉の後はブルーパブで

　長野から金沢まで開通した北陸新幹線。飯山線の飯山駅にも停車するようになり、北陸だけでなく野沢温泉へのアクセスもよくなった。その野沢温泉で2014年に創業したブルーパブ里武士の「信州蕎麦スタウト」は、その名の通りかすかに現れる蕎麦の風味が面白い。飲み口はシルキーで、ローストフレーバーとのハーモニーがたまらない。

醸造所：AJB Co.
生産国：日本
原材料：麦芽、蕎麦、ホップ
アルコール度数：5%
問い合わせ：AJB Co.

信州蕎麦スタウト
Shinshu Soba Stout

15 コロンブスが「新大陸」からスペインに帰還（1493年）

スペインの新しいスタウトを「発見」

　1492年にスペインからインドを目指したコロンブス。「新大陸」を「発見」し、翌年のこの日、スペインに帰還した。その後、スペインは「新大陸」に独占的に関わるようになる。今日は、1998年創業のスペインの醸造所エウスカルガラガルドーアのスタウトを。ほのかな甘味のあるココアを思わせる香りと、まろやかな口当たりが特徴。

醸造所：エウスカルガラガルドーア
生産国：スペイン
原材料：麦芽、ホップ
アルコール度数：4.3%
問い合わせ：池光エンタープライズ

パゴア ベルツァ・スタウト
Pagoa Beltza Stout

---

16 世界最古のサッカー大会であるFAカップの第1回大会決勝戦（1872年）

最古の大会と最古の商標

　今やワールドスポーツとなっているサッカーの最も古い大会がFAカップ。イングランドのプロ・アマを問わない大会で、現在でも毎年開催されている。「バス ペールエール」も、イギリスで最も古い商標（赤い三角）であり、現在では多くの国で飲まれている。軽くモルトの甘味を感じると、じんわりとホップの苦味がきいてくる。

醸造所：バス
生産国：イギリス
原材料：麦芽、ホップ、糖類、香料
アルコール度数：5.1%
問い合わせ：アサヒビール

バス ペールエール
Bass Pale Ale

17

セント・パトリックス・デー

MAR 3

アイルランドの緑と黒で乾杯！

　アイルランドにキリスト教を広めた聖パトリックの命日で、アイルランドでは祝日になっている。日本でも表参道をはじめとして各地でパレードが行われており、緑色のものを身に付けた人たちでいっぱいになる。アイルランドの代表的なビールと言えば「ギネス」。ローストした大麦の香ばしさとほどよい苦味が口に広がる。

醸造所：セント・ジェームズ・ゲイト
生産国：アイルランド
原材料：麦芽、ホップ、大麦
アルコール度数：5%
問い合わせ：キリンビール

ギネス エクストラスタウト
Guinness Extra Stout

18

伊藤みどりがフィギュアスケートの世界選手権で日本人初優勝（1989年）

みどりといえばトリプル

　伊藤みどりが日本人初の世界選手権優勝。トリプルアクセルや3回転コンビネーションを成功させ、技術点で6.0点満点を付けた。ニュージーランド産ホップを使ったトリプルIPAの「グリーンバレット」も、「みどり」で「トリプル」。マンゴーのフレーバーに青々としたホップのアロマは、伊藤みどりの演技のように素晴らしいバランス。

醸造所：グリーンフラッシュ
生産国：アメリカ
原材料：麦芽、ホップ
アルコール度数：10.1%
問い合わせ：ナガノトレーディング

グリーンバレット
Green Bullet

19 ミュージックの日

ホップのビートが止まらない

　319を「ミュージック」と読ませ、日本音楽家ユニオンが1991年に制定した。音楽にはビートがつきものだが、「I Beat yoU」のビートは「打つ」「打ち負かす」という意味。苦味を表す数値のIBU（国際苦味単位）が大文字になっていることからわかるように、打ち負かされるようなホップの苦味が特徴。カラメルや桃のような香りが支えている。

醸造所：ミッケラー
生産国：デンマーク
原材料：麦芽、ホップ
アルコール度数：9.8％
問い合わせ：ウィスク・イー

I Beat yoU
I Beat yoU

MAR 3

---

20 第1回 WBC で日本が優勝（2006 年）

ビールでも野球でも WBC

　第1回ワールド・ベースボール・クラシックの決勝戦が行われたサンディエゴのペトコ・パーク。日本が10対6でキューバを破って優勝したのも記憶に新しい。そのサンディエゴで最も古いブルワリーがカールストラウス。「ピンテールペールエール」は柑橘系とトロピカルフルーツのアロマにホームラン級の苦味。ホップ好きにはたまらない。

醸造所：カールストラウス
生産国：アメリカ
原材料：麦芽、ホップ
アルコール度数：5.3％
問い合わせ：ナガノトレーディング

ピンテールペールエール
Pintail Pale Ale

21

ピエール・セリス誕生日（1925年）

MAR 3

ホワイトの父に感謝

「ヒューガルデン・ホワイト」（P140）でベルジャンホワイトを復活させたピエール・セリスの名を冠したビール、「セリス・ホワイト」。オレンジやリンゴ、ダージリンを思わせるアロマが漂う。「セント・ベルナルデュス・ホワイト」（P127）もピエール・セリスによるもの。3種のベルジャンホワイトを飲み比べてみるのも面白い。

醸造所：ヴァン・スティーンベルグ醸造所
生産国：ベルギー
原材料：麦芽、小麦、ホップ、コリアンダー、オレンジピール
アルコール度数：5%
問い合わせ：M's Kitchen

セリス・ホワイト
Celis White

22

ジャパンタイムズ創刊（1897年）

インターナショナルなアナタに

日本で最も歴史のある英字新聞社ジャパンタイムズ。現在はインターナショナル・ニューヨーク・タイムズとセットで発行され、日本の英字新聞としては最大の発行部数を誇る。ニューヨークといえば「ブルックリンラガー」。香ばしさとモルトの甘味の後には、強めに感じるホップの苦味。同紙を読みながら飲めば、気分はインターナショナル？

醸造所：ブルックリンブルワリー
生産国：アメリカ
原材料：麦芽、ホップ
アルコール度数：5.2%
問い合わせ：日本ビール

ブルックリンラガー
Brooklyn Lager

23 川上哲治誕生日（1920年）

赤がトレードマークの神様

　選手時代は赤バットを使用し、「打撃の神様」と言われた川上哲治の誕生日。監督としても巨人でV9を達成している。ダブルレッドIPAの「ホップヘッドレッド」は、まさにホップの打撃の神様。カラメル感のある赤いボディから漂うグレープフルーツなどのシトラスアロマと強い苦味が口の中を駆け巡る。「ホップヘッズ」なら飲むべき1本。

醸造所：グリーンフラッシュ
生産国：アメリカ
原材料：麦芽、ホップ
アルコール度数：8.1%
問い合わせ：ナガノトレーディング

ホップヘッドレッド
Hop Head Red

---

24 檸檬忌（梶井基次郎の命日）

あの気詰まりな丸善は……？

　31歳という若さで亡くなった梶井基次郎の命日。その代表作『檸檬』にちなんで檸檬忌と言われる。「何度も何度もその果実を鼻に持っていっては嗅いでみた」と『檸檬』に書かれているように、「プリマ・ピルス」のレモンアロマをいっぱいに吸い込みながら飲んでみたい。レモンやグレープフルーツの皮を思わせる苦味もよい。

醸造所：ヴィクトリー・ブルーイング
生産国：アメリカ
原材料：麦芽、ホップ
アルコール度数：5.3%
問い合わせ：AQベボリューション

プリマ・ピルス
Prima Pils

25 496
496

MAR 3

スプリングバレーブルワリー横浜が
リニューアルオープン（2015年）

醸造所：スプリングバレーブルワリー
生産国：日本
原材料：麦芽、ホップ
アルコール度数：6.5％
問い合わせ：キリンビール

新しいビールの世界を切り開く

　キリンビール横浜工場内に造られたスプリングバレーブルワリー横浜がビア・タバーン（酒場）としてリニューアル。スプリングバレーブルワリーのビールと多彩な料理が楽しめる。そのフラッグシップが「496」。エールのような華やかな香りとラガーのキレのよさが同居しつつ、苦味・酸味・甘味のすべてがバランスよく整っている。IPAを思わせるホップの魅力もしっかりと表現されており、既存のビアスタイルの殻を破った新しい味わい。

26　エンゲル誕生日（1821年）

ビール好きの生活水準は……？

　エンゲル係数で知られるドイツの経済学者エルンスト・エンゲル。エンゲル係数は家計に占める食費の割合を表すもので、高いほど生活水準は低いとされる。ビールは嗜好品で、燻製した麦芽を使うラオホは嗜好品の極みだろう。燻製香が漂い口の中まで支配するが、モルトの甘味も探し出せる。フィニッシュにはホップの苦味も。

醸造所：ヘラー
生産国：ドイツ
原材料：麦芽、ホップ
アルコール度数：5.1%
問い合わせ：昭和貿易

**シュレンケルラ・
ラオホビア　メルツェン**

Schlenkerla Rauchbier Märzen

27　マリー・ド・ブルゴーニュの命日（1482年）

女公の上品さを備えたビール

　ハプスブルク家マクシミリアン1世の妻で、かなりの美女だったと言われているマリー・ド・ブルゴーニュ。その名前よりも、このビールのラベルの人と言ったほうがわかる人も多いだろう。フランダース・レッドエールの代表的銘柄で、オーク樽熟成による独特の酸味とチェリーやプラムのような甘味が特徴。彼女同様、まさに上品な味わい。

醸造所：ヴェルハーゲ
生産国：ベルギー
原材料：麦芽、ホップ、小麦、糖類
アルコール度数：6.2%
問い合わせ：小西酒造

**ドゥシャス・
デ・ブルゴーニュ**

Duchesse de Bourgogne

28 『We are the world』リリース（1985年）

MAR 3

ビールの世界もボーダーレス

マイケル・ジャクソンなど45名のアーティストによって作られたチャリティーソング『We are the world』がリリースされた日。世界7カ国から13種類のホップを集めて造られた「GPA（グローバルペールエール）」も "We are the world" なビール。グラッシーでシトラス感あるホップとどっしりとしたボディで飲みごたえ充分。

醸造所：ヌグネ
生産国：ノルウェー
原材料：麦芽、ホップ
アルコール度数：4.5%
問い合わせ：ウィスク・イー

ヌグネ GPA
Nogne GPA

---

29 サイ・ヤング誕生日（1867年）

サイ・ヤング賞のプレミアム感

メジャーリーグの通算勝利数511勝（歴代1位）のサイ・ヤング。彼が現役最後に所属したチームがボストン・ラスラーズ（現アトランタ・ブレーブス）ということで「ボストンラガー」を。やや カラメルを感じるミディアムボディに、ホップのシャープな苦味。開幕が近いメジャーの情報をチェックしながら飲むのも楽しい。

醸造所：ボストンビール
生産国：アメリカ
原材料：麦芽、ホップ
アルコール度数：4.8%
問い合わせ：日本ビール

サミエルアダムス・ボストンラガー
Samueladams Boston Lager

30 セクレタリアト誕生日（1970年）

トップアスリートのビッグレッド

　アメリカ競馬の三冠を達成した名馬。馬ながら、ESPNの「20世紀のトップアスリートベスト100」にもランクインするほど。赤く見える栗毛の大型馬だったため「ビッグレッド」という愛称も付いた。今日はそんなセクレタリアトのような、しっかりボディでモルティなレッドエールを。モルトの香ばしさ、後に残る苦味が特徴。

醸造所：マッドリバー
生産国：アメリカ
原材料：麦芽、ホップ
アルコール度数：6.5％
問い合わせ：えぞ麦酒

ジャマイカ レッド エール
Jamaica Red Ale

---

31 ピンク・レディーの解散コンサート（1981年）

見た目は怖いが甘いヤツ

　1970年代後半に大人気だったピンク・レディーの解散コンサートが、後楽園球場で開催された。ピンクつながりで、ピンクグレープフルーツの香り漂うこのビール。甘味が強いが、飲んだあとの爽快感もある。ピンク・レディーは再結成を何度か繰り返しているので、飲みたくなったら何度も繰り返して飲むのもアリだ。

醸造所：シリー
生産国：ベルギー
原材料：麦芽、小麦、ホップ、ピンクグレープフルーツ、ライム果汁、オレンジピール、コリアンダー
アルコール度数：5％
問い合わせ：廣島

ピンクキラー
Pink Killer

ビールの記憶

　人生で最初にビールを飲んだのはいつだっただろうか。大学の飲み会でビール飲んでいた記憶はあるが、「人生で最初のビール」は思い出すことができない。あの頃は、数あるお酒の中で1杯目に飲むもの、という存在でしかなかったからだ。僕が初めて「このビールは、どんな味わいなのだろう」と意識して飲んだのは、コロナ・エキストラだろうか。
　初めて勤めた会社での飲み会で、僕はコロナ・エキストラを注文した。それまでコロナ・エキストラを飲んだことはなかったが、瓶にライムを入れてラッパ飲みする人を見て、ちょっとかっこいいなと思っていた。そうやって飲んでみたくなる年頃でもあったのだ。
　コロナ・エキストラが目の前に置かれると、いかにも昔からそうやっていたかのように、ライムを瓶にねじ込みラッパ飲みした。ライムの爽快感とかっこいい飲み方に、今までにないおいしさを感じ、非常にいい気分になったことを覚えている。
　すると、隣に座ったお局様から突然注意された。
「ちょっとアナタ、ビールはちゃんとグラスに注いで飲みなさい」
　ややテンションが下がりそうになったが、知ったふりをしてこう答えた。
「このビールはこうやって飲むものなんですよ」
　と言うと、お局様は納得したのか諦めたのかわからない表情で、
「あら、そうだったの。それは失礼」
　と言って、背筋を伸ばして両手でグラスを持ち、美しい所作でグラスに注がれたビールを一口飲んだ。
　グラスに注いで飲むということを、お局様はマナーとして伝えたかったのだろう。ライムの爽快感が、シャキッと気持ちを引き締める味わいに変わり、コロナ・エキストラは僕の記憶に残るビールとなった。そして、飲む度に背筋が伸びるような気がするビールでもあるのだ。

**APR
4**

**MAY
5**

**JUN
6**

01 エイプリルフール

ブルージュ市民は本気です

ブルージュを訪れたマクシミリアン1世が、市民のふざけたパレードを見て「ブルージュはバカばかりだ」と言ったとか。そんな逸話から名前が付けられたこのビール、飲むならこの日だろう。洋ナシやリンゴのフレーバーがあり、甘味と酸味のハーモニーが秀逸。適度な苦味の余韻も感じられる。味はまったくふざけていない。

醸造所：ドゥ・ハルヴ・マーン
生産国：ベルギー
原材料：麦芽、小麦、ホップ
アルコール度数：6%
問い合わせ：ワールドリカーインポーターズ

APR 4

ブルッグス ゾット ブロンド
Brugse Zot Blond

---

02 アンデルセン誕生日（1805年）

ビール醸造をミッケル師匠から伝授

デンマークの童話作家ハンス・クリスチャン・アンデルセン。『人魚姫』、『マッチ売りの少女』など、誰もが知っている作品を多く世に出している。デンマークの代表的なブルワー、ミッケル（ミッケラーの創業者）に醸造を教わったのがトゥ・オール。シトラスの香り漂うラガーで、トロピカルフルーツのようなフレーバー。ラガーの爽快感も。

醸造所：トゥ・オール
生産国：デンマーク
原材料：麦芽、オート麦、ホップ
アルコール度数：5.2%
問い合わせ：ウィスク・イー

レイドビア ホッピーラガー
Raid Beer Hoppy Lager

03 福澤諭吉の塾を芝新銭座に移転し慶應義塾と改称（1873年）

なんと賞味期限は25年！

福沢諭吉が開設した塾を4月3日(旧暦)に現在の浜松町へ移転。慶應義塾と改称した。たまには1万円札でないと購入できない贅沢ビールを飲んでみよう。黒蜜のような甘いニュアンス。そしてしっかりと残るホップの苦味。満足感のある味わい。2015年現在、購入できる一番古いものは1998年のもの。それには福沢先生の力も及ばない。

醸造所：那須高原ビール
生産国：日本
原材料：麦芽、ホップ
アルコール度数：11%
問い合わせ：那須高原ビール

APR 4

ナインテイルドフォックス
Nine-Tailed Fox

---

04 小泉八雲来日（1890年）

日本と西洋のかけはし

『怪談』などの作品を執筆し、小泉八雲として知られるラフカディオ・ハーンが、この日に来日。彼は松江の中学校に赴任しており、「ヘルンさん」と呼ばれていた。その名前を付けた醸造所がビアへるん。「ペールエール」は同社ピルスナーの3倍ものカスケードホップを使用。フラワリーな香りとキリッと強い苦味が特徴で、ドライなフィニッシュ。

醸造所：ビアへるん
生産国：日本
原材料：麦芽、ホップ
アルコール度数：5.5%
問い合わせ：ビアへるん

ペールエール
Pale Ale

APR
4

05 イースター島「発見」(1722年)

チリのクラフトビールを「発見」！

　1722年のイースターの日、オランダのヤーコプ・ロッヘフェーンがイースター島を「発見」。後にチリ領となる。そんなチリのクラフトビール、ソット「ストロングエール」。瓶内二次発酵で、完熟フルーツのしっとりとしたアロマが漂う。ハチミツのような甘味が、どっしりした苦味とのバランスをとっている。

醸造所：ソット
生産国：チリ
原材料：麦芽、ホップ
アルコール度数：7〜8%
問い合わせ：モトックス

ストロングエール
Strong Ale

---

06 スコットランドがアーブロース宣言採択 (1320年)

ビール界の独立宣言

　1314年のバノックバーンの戦い（P101）で勝利したスコットランドが、イングランドからの独立宣言ともいえるアーブロース宣言を採択した。そのスコットランドの「パンクIPA」も既存のビールからの独立宣言ともいえる。あふれんばかりの華やかでグレープフルーツを思わせる香りとホップの苦味は、パンクIPAだからこそ。

醸造所：ブリュードッグブルワリー
生産国：イギリス
原材料：麦芽、ホップ
アルコール度数：5.6%
問い合わせ：ウィスク・イー

パンク IPA
Punk IPA

07

ワールドビアカップ 2014
審査日 1 日目

世界の頂点に立ったドライ

　2年に一度、アメリカで開催されるワールドビアカップ。3日間に渡って、94のカテゴリで審査が行われ、インターナショナルスタイルラガー部門89エントリの中から、「アサヒスーパードライ」が金賞に選ばれた。2014年には優良酵母だけを厳選使用することに成功。クリアな口当たりでモルトの旨味も感じられ、フィニッシュはドライ。

醸造所：アサヒビール
生産国：日本
原材料：麦芽、ホップ、米、コーン、スターチ
アルコール度数：5%
問い合わせ：アサヒビール

APR 4

アサヒスーパードライ
Asahi Super Dry

08

ワールドビアカップ 2014
審査日 2 日目

シルバーに輝く伽羅色

　ワールドビアカップ2014は、58カ国から、1403メーカー、4754銘柄のビールがエントリー。その中の、アメリカンスタイル・アンバーラガー部門にエントリーした「COEDO伽羅-Kyara-」は、34エントリの中から銀賞に選ばれた。ネルソンソーヴィンの白ブドウを思わせるアロマが、ミディアムボディに寄り添った苦味と絡み合う。

醸造所：コエドブルワリー
生産国：日本
原材料：麦芽、ホップ
アルコール度数：5.5%
問い合わせ：コエドブルワリー

COEDO 伽羅 -Kyara-
COEDO Kyara

09

ワールドビアカップ 2014
審査日 3 日目

APR 4

世界に誇る日本のヴァイツェン

　ワールドビアカップ2014審査日の最終日。今日は、78のエントリがあった南ドイツスタイル・ヘーフェヴァイツェン部門で、銀賞を受賞した富士桜高原麦酒「ヴァイツェン」を飲んでみよう。フレッシュなリンゴやバナナの香り。丸くやさしい口当たり。ふわっと鼻の奥で香りが広がり、酸味とのハーモニーを奏でている。

醸造所：富士桜高原麦酒
生産国：日本
原材料：麦芽、小麦麦芽、ホップ
アルコール度数：5.5％
問い合わせ：富士桜高原麦酒

ヴァイツェン

Weizen

10

ビッグ・ベン完成（1858 年）

ロンドンの誇り、ここにあり

　これを見ればすぐイギリスとわかる建物、ビッグ・ベン。火事になったウェストミンスター宮殿の再建時に建てられたもの。ロンドン市民の誇りには「ロンドンプライド」がよく似合う。グレープフルーツや紅茶のアロマが漂い、モルトのやさしい甘味が感じられる。ロンドンのパブで飲んでいる気分で、ゆっくり味わいたい。

醸造所：フラーズ
生産国：イギリス
原材料：麦芽、ホップ
アルコール度数：5％
問い合わせ：アイコン・ユーロパブ

ロンドンプライド

London Pride

11

ワールドビアカップ 2014
表彰日

チャンピオンブルワリーの風格

　ワールドビアカップの表彰が行われる最終日。コロナド・ブリューイングは中規模醸造所のチャンピオンブルワリーに輝いた。この「アイランダーIPA」も「アメリカンスタイル・ストロングペールエール」部門で金賞受賞。グレープフルーツやマンゴーのフレーバーに心地よい苦味。ドリンカブルなIPAに仕上がっている。

醸造所：コロナド・ブリューイング
生産国：アメリカ
原材料：麦芽、ホップ
アルコール度数：7%
問い合わせ：ナガノトレーディング

アイランダー IPA
Islander IPA

APR 4

12

宇宙飛行士の日

宇宙飛行士の苦楽がつまった IPA

　1961年、ソ連が人類初の有人宇宙船ボストーク1号を打ち上げ、地球を一周した。その時の宇宙飛行士がユーリ・ガガーリン。この日には世界中で「ユーリーズナイト」としてイベントが開催されている。ミカンや洋ナシの香りが漂う「スペースマンIPA」で、ガガーリンの偉業を称えたい。ボディは軽めでフィニッシュの苦味が強調されたIPA。

醸造所：ブリューフィスト
生産国：イタリア
原材料：麦芽、ホップ
アルコール度数：7%
問い合わせ：ウィスク・イー

スペースマン IPA
Spaceman IPA

13 水産デー

見た目では判断できません

1901年のこの日に、漁業法が制定されたことにちなんでいる。漁業権など現在の漁業法につながる制度が整備された。水産と聞いて思い浮かぶのはバラストポイント。カサゴが描かれたスカルピンIPAは、強い苦味とボディとのバランスが抜群。カサゴの見た目からは想像できないトロピカルフルーツのフレーバーも魅力。

APR 4

醸造所：バラストポイント
生産国：アメリカ
原材料：麦芽、ホップ
アルコール度数：7%
問い合わせ：ナガノトレーディング

スカルピン IPA
Sculpin IPA

---

14 オレンジデー

神奈川県産の希少なオレンジ

「花嫁の喜び」という花言葉を持つオレンジ。そのため、バレンタインデー、ホワイトデーに続く4月14日を、二人の愛を確かめ合う日としている。毎年この日から販売開始されるのが「湘南ゴールド」。同名のオレンジを丸ごと使用しており、華やかな香り、皮のような苦味など、オレンジの魅力たっぷり。甘味は強くなく、すっきり飲める。

醸造所：サンクトガーレン
生産国：日本
原材料：麦芽、麦、ホップ、果汁
アルコール度数：5%
問い合わせ：サンクトガーレン

湘南ゴールド
Shonan Gold

15 よい酵母

毎日摂取、よい酵母

　酵母を摂取することの大切さをアピールするために制定された日。ビール好きには釈迦に説法だが、しっかり今日も酵母を摂取しておきたい。ヴァイツェン酵母がしっかり仕事をしたプランク「ヘーフェヴァイツェン」は、酵母入りでバナナのアロマが漂う真面目なヴァイツェン。酵母の大切さを実感させてくれるビール。

醸造所：プランク
生産国：ドイツ
原材料：麦芽、ホップ
アルコール度数：5.2%
問い合わせ：KOBATSU トレーディング

ヘーフェヴァイツェン
Hefeweizen

APR 4

---

16 クラーク博士が帰国（1877年）

黒い液色に香るコリアンダー

　"Boys, be ambitious!" で知られるウィリアム・クラーク博士（実際には博士の言葉ではないという説も）。札幌から帰国の途についたのがこの日だった。その札幌市で創業、現在は隣の江別市にあるノースアイランドビールの代表作がこのビール。ローストを感じつつもすっきりとした口当たり。コリアンダーやシナモンの香りも探し出せる。

醸造所：ノースアイランドビール
生産国：日本
原材料：麦芽、ホップ、コリアンダー、シナモン
アルコール度数：5.5%
問い合わせ：SOC ブルーイング

コリアンダーブラック
Coriander Black

APR 4

17 阪神がバックスクリーンに
ホームラン3連発（1985年）

飲めば伝説がよみがえる

　プロ野球ファンなら誰もが知っている、バース、掛布、岡田のバックスクリーン3連発。阪神の長い歴史の中でも唯一日本一となった年でもある。これから夏のシーズンに向けて、阪神ファンなら「タイガー」で野球観戦といきたいところ。シンガポールの暑い気候に合ったすっきりとした味わい。熱いペナントレースにもぴったりだ。

醸造所：アジア・パシフィック・ブリュワリーズ
生産国：シンガポール
原材料：麦芽、ホップ
アルコール度数：5%
問い合わせ：アイコン・ユーロパブ

タイガー
Tiger

---

18 三重県民の日

伊勢角の看板ビール

　1876年のこの日に安濃津県と度会県が合併し、現在の三重県が誕生した。その三重県の醸造所といえば伊勢角屋麦酒。1997年の創業から醸造している「ペールエール」が、4月の気候にもぴったり。グレープフルーツのアロマに誘われ口にすると、軽いモルトの甘味から突然強い苦味が顔を出す。クリアな後味で、雑味がなくきれいなペールエール。

醸造所：伊勢角屋麦酒
生産国：日本
原材料：麦芽、ホップ
アルコール度数：5%
問い合わせ：二軒茶屋餅角屋本店

ペールエール
Pale Ale

19 飼育の日

見た目も頼もしい猿が操縦

　日本動物園水族館協会が動物園・水族館の普及のために制定。動物園に行けば木々を飛び回る猿が見られるだろうが、飛行機を乗り回す猿を見られるのはこのビールだけ。草原の緑を感じるさわやかなホップの香り。焼きたてのパンのような軽いモルトフレーバーとホップ由来の苦味があり、後味も飛んでいくようにキレがよい。

醸造所：アメリカンブルーイング
生産国：アメリカ
原材料：麦芽、ホップ
アルコール度数：5.7%
問い合わせ：エバーグリーン

APR 4

フライングモンキー
Flying Monkey

---

20 アントワープオリンピック開幕（1920年）

アントワープといえばこのビール

　日本初のオリンピックメダル（男子テニス）を獲得したアントワープオリンピックがこの日に開幕。そのアントワープの代表的なビールが「デ・コーニンク」。アンバーな色合いにきめ細かな泡。柑橘系のアロマとモルトの香ばしさのハーモニーが心地よい。ブロンドやトリプルもあるが、いずれもすっきりとした口当たり。

醸造所：デ・コーニンク
生産国：ベルギー
原材料：麦芽、ホップ
アルコール度数：5.2%
問い合わせ：小西酒造

デ・コーニンク
De Koninck

21

忠犬ハチ公像が完成（1934年）

APR 4

ラベルに描かれた看板犬

　渋谷の待ち合わせ場所と言えばハチ公前。そのハチ公像が完成したのが1934年。ご主人様を待つ愛くるしいハチ公の姿にも負けず劣らず、ラグニタスのマークに描かれた犬のかわいらしさもたまらない。シトラスアロマにオレンジのフレーバーとしっかりした苦味。いかにもアメリカンIPAだが、苦味が突出せずホップの魅力を楽しめる。

醸造所：ラグニタス
生産国：アメリカ
原材料：麦芽、ホップ
アルコール度数：6.2%
問い合わせ：ナガノトレーディング

IPA

IPA

22

山形市とボルダー市が姉妹都市締結（1994年）

朋有り遠方より来たる

　エイヴリー・ブルーイングがコロラド州ボルダーで創業した翌年、ボルダー市と山形市が姉妹都市となった。1990年に山形市代表団がボルダーを訪れたことが契機となっている。創業以来造られ続ける「エリズブラウン」は、ロースト香とグラッシーなホップフレーバーがありながら、全体的には穏やかでやさしい味わいだ。

醸造所：エイヴリー・ブルーイング
生産国：アメリカ
原材料：麦芽、ホップ
アルコール度数：5.5%
問い合わせ：AQベボリューション

エリズブラウン

Ellie's Brown Ale

23 ビール純粋令制定(1516年)

ホップの香り漂う元祖ラガー

　バイエルン公ヴィルヘルム4世が、ビールの原料を大麦、ホップ、水のみとする法律を制定(後に酵母も追加)。その法律をしっかり守り、世界で初めてラガービールを造り出したシュパーテンの「ミュンヘナー・ヘル」。スタイルはヘレスで、苦味は少なくモルトの甘味とホップのフローラルな香りが口の中に広がる。

醸造所：シュパーテン
生産国：ドイツ
原材料：麦芽、ホップ
アルコール度数：5.2%
問い合わせ：ザート・トレーディング

APR 4

ミュンヘナー・ヘル
Münchner Hell

---

24 日本ダービー記念日

グラスの中にハワイの海が

　1932年のこの日に、目黒競馬場で第1回東京優駿（日本ダービー）が開催された。日本ダービーのレースレコードはキングカメハメハが記録した2分23秒3。ハワイの大王の名前には、ハワイのゴールデンエールがふさわしい。ライトでフラワリーなフレーバーがあり、苦味は控えめ。飲めばハワイの海を思い出させる爽快感がやってくる。

醸造所：コナ・ブリューイング
生産国：アメリカ
原材料：麦芽、ホップ
アルコール度数：4.5%
問い合わせ：友和貿易

ビッグウェーブ ゴールデンエール
Big Wave Golden Ale

25 拾得物の日

日本・ベルギー拾得物対決

　1980年に銀座で1億円を拾った事件にちなんだ日。なかなか拾うことのない落し物だが、「オルヴァル」にも、泉に指輪を落としたら泉に棲むマスが拾ってくれたという伝説がある。二種類の酵母を使用し、ドライホッピングを行っているのがこのビールの最大の特徴。甘味はほとんどなく、フルーティーでキレのあるフィニッシュ。

醸造所：オルヴァル
生産国：ベルギー
原材料：麦芽、ホップ、糖類
アルコール度数：6.2%
問い合わせ：小西酒造

オルヴァル
Orval

APR 4

---

26 北ドイツ連邦成立（1867年）

風呂あがりには北ドイツのビール

　北ドイツ連邦は、現在のドイツ北部よりも広い地域の国家連合体。1871年にドイツ帝国成立まで存続した。北ドイツの醸造所といえばフレンスブルガー。そのピルスナーは、ドイツ北部のピルスナーの特徴通り、ホップの苦味が前面に出ているビール。レモンのような酸味もかすかに感じる。よい風呂の日でもある今日、風呂あがりにも。

醸造所：フレンスブルガー
生産国：ドイツ
原材料：麦芽、ホップ
アルコール度数：4.8%
問い合わせ：ザート・トレーディング

ピルスナー
Pilsener

27 オランダ国王誕生日

オラニエの国に乾杯

　2013年4月に即位した、オランダのウィレム＝アレクサンダー国王の誕生日。日本の皇室との関係も深いオランダ王室に敬意を表して、デ・モーレン「ホワイトウィッチ」で乾杯したい。スタイルはストロングセゾン。シトラスとバナナのようなアロマから、口に含むとスパイス感がありドライな口当たり。パイナップルのフレーバーも。

醸造所：デ・モーレン
生産国：オランダ
原材料：麦芽、小麦、ホップ
アルコール度数：6.5%
問い合わせ：ウィスク・イー

ホワイトウィッチ
White Witch

APR 4

---

28 象の日

象の幻覚が見えたら注意

　ベトナムからの献上品として日本に初めて象がやってきた日（1729年）。それを見た人たちはかなり驚いただろうが、このビールを飲み過ぎるとピンクの象が見られるという。洋ナシやリンゴを思わせるフレーバーの中に見つけられるスパイス感。口当たりのよい甘味があり、アルコール度数をあまり感じずに飲んでしまう危険なビール。

醸造所：ヒューグ
生産国：ベルギー
原材料：麦芽、ホップ、糖類
アルコール度数：8.5%
問い合わせ：廣島

デリリュウム・トレメンス
Delirium Tremens

29 昭和の日

APR 4

ゴールデンウィークのスタートに

　昭和天皇の誕生日だった昭和の日。ゴールデンウィークの始まるこの日に「ゴールデンスワンレイクエール」を飲んで、待ちに待った大型連休のいいスタートを切ろう。モルトの甘味も感じる軽やかな口当たりに、トロピカルフルーツのようなアロマをまとったビール。その名の通りゴールドの色合いで、クリアな飲み心地。

醸造所：スワンレイクビール
生産国：日本
原材料：麦芽、ホップ
アルコール度数：5%
問い合わせ：瓢湖屋敷の杜ブルワリー

ゴールデンスワンレイクエール
Golden Swan Lake Ale

---

30 春の到来を祝う祭（中欧、東欧、北欧）

日本のハーブ、山椒のさわやかさ

　中欧・東欧では、この頃に祭りが行われ春の到来を祝う。一方、木の芽（山椒）をあしらった筍の煮付けを見ると、ああ日本の春が来たんだなとしみじみ思う。山椒を使ったこのビールも春限定。その味わいは、飲んでみると思いのほか柑橘系のフルーティーさがある。しかし、フィニッシュには山椒の爽快さもしっかりと。

醸造所：いわて蔵ビール
生産国：日本
原材料：麦芽、ホップ、山椒
アルコール度数：5%
問い合わせ：世嬉の一酒造

ジャパニーズハーブエール
SANSHO
Japanese Herb Ale Sansho

01 メーデー

トップダウンよりも……

1886年5月1日、アメリカ・シカゴで労働者がストライキを起こしたことが、メーデーの由来。レボリューション・ブルーイングもシカゴの醸造所で、ボトムアップという名前やイラストの力強い握りこぶしが労働者を連想させる。とはいえ、テイストは心地よいオレンジアロマのベルジャンホワイト。労使間でもめたときにはこのビールを。

醸造所：レボリューション・ブルーイング
生産国：アメリカ
原材料：麦芽、小麦、ホップ、コリアンダー、オレンジピール
アルコール度数：5%
問い合わせ：AQ ベボリューション

ボトムアップウィット
Bottom Up Wit

MAY 5

---

02 エカテリーナ2世誕生日（1729年）

啓蒙専制インペリアルスタウト

啓蒙専制君主として有名なロシアの女帝エカテリーナ2世。インペリアルスタウトを愛した人物としても知られている。彼女の誕生日は、シャンパン酵母を使ったこのインペリアルスタウトで祝いたい。黒糖のようなやわらかい甘味とアルコール感、ローストフレーバー、そして最後にホップの強い苦味。すべてにおいてガツンとやられるビール。

醸造所：ミッケラー
生産国：デンマーク
原材料：麦芽、ホップ
アルコール度数：17.5%
問い合わせ：ウィスク・イー

**黒ブラック
インペリアルスタウト**
Kuro Black Imperial Stout

03 憲法記念日

近代日本はドイツが手本

　1947年のこの日に日本国憲法が施行された。同時に失効した大日本国憲法は、ドイツ国憲法から影響を受けたと言われており、ビールでもドイツの影響を受けている「ベアレン・クラシック」を飲んでみたい。口に含むと、熟したリンゴのフレーバーから、すっきりとしたビターに移行。フィニッシュはじんわりと苦味の余韻がある。

MAY 5

醸造所：ベアレン醸造所
生産国：日本
原材料：麦芽、ホップ
アルコール度数：6%
問い合わせ：ベアレン醸造所

ベアレン・クラシック
Baeren Classic

---

04 スター・ウォーズの日

岡山・津山から宇宙を望む

　『スター・ウォーズ』シリーズの有名な台詞"May the Force be with you"の"May the Force"を"May 4th"にかけた記念日。その宇宙戦争の日には、海王星から見た太陽系が描かれた宇宙ラベルの「イツハビール ケルシュ」を。モルトの甘味は控えめで、直後にホップのキリッとした苦味が現れる。宇宙ラベルシリーズは全4種類。

醸造所：津山麦酒醸造場
生産国：日本
原材料：麦芽、ホップ
アルコール度数：5%
問い合わせ：多胡本家酒造場

イツハビール ケルシュ
Itsuha Kölsch

05 自転車の日

色の濃いラドラー！？

　自転車月間推進協議会が制定した自転車の日。自転車乗りのことをドイツ語でラドラーと言い、その自転車乗りに好まれていたと言われるのが、ビールをレモネードなどで割ったラドラー。色の濃いビールを使った「ドゥンケルラドラー」はドイツでも珍しい。なお、アルコールを飲んで自転車に乗るのは違法なので注意。飲んだら乗るな。

醸造所：ブランク
生産国：ドイツ
原材料：麦芽、ホップ、レモネード
アルコール度数：2.5%
問い合わせ：KOBATSU トレーディング

ドゥンケルラドラー
Dunkles Radler

MAY 5

---

06 井上靖誕生日（1907年）

井上靖作品のおともに

　『闘牛』『敦煌』などの代表作で知られる芥川賞作家、井上靖の誕生日。旭川市で生まれた彼の誕生日には、旭川の「大雪ピルスナー」を飲みながら、彼の作品を楽しみたい。透き通ったゴールドの液色に真っ白な泡。大雪山の雪解け水を思わせる雑味のない味わい。フィニッシュの苦味が心地よく、本を読んでいる間に何本も飲んでしまうかも。

醸造所：大雪地ビール
生産国：日本
原材料：麦芽、ホップ
アルコール度数：5%
問い合わせ：大雪地ビール

大雪ピルスナー
Taisetsu Pilsner

07 コナモンの日

ビール界のコナモン!?

お好み焼きやうどんのように、小麦粉などを材料にした食べ物をコナモン(粉物)という。小麦麦芽を粉砕して使用しているヴァイツェンも、今日はコナモンと勝手に認定して飲んでみたい。パウラーナーの「ヘフェヴァイスビア」は、ヘフェの名前の通り酵母入りで白濁した正統派ヴァイツェン。バナナクレープを食べたような印象も。

醸造所：パウラーナー
生産国：ドイツ
原材料：麦芽、小麦麦芽、ホップ
アルコール度数：5.5%
問い合わせ：アイコン・ユーロパブ

MAY 5

**パウラーナー
ヘフェヴァイスビア**

Paulaner Hefe-Weißbier

---

08 ゴーヤーの日

ホップとゴーヤーの二重奏

沖縄県とJA沖縄経済連が制定した日。見ての通り語呂合わせだが、ゴーヤーの出荷量が増えていく時期でもあり、ビールでもゴーヤーを味わってみたい。「ゴーヤーDRY」は沖縄産のゴーヤーを100%使用。ライトボディで全体的にすっきりとした味わい。ホップの苦味がスッと消えた後には、ゴーヤーの苦味が時間差で現れる。

醸造所：ヘリオスブルワリー
生産国：日本
原材料：麦芽、ホップ、糖類、ゴーヤー果汁
アルコール度数：5%
問い合わせ：ヘリオス酒造

ゴーヤー DRY

Goya DRY

09 ヨーロッパデー

欧州の中心で酸っぱいビール

1950年に欧州連合（EU）の前身である欧州石炭鉄鋼共同体（ECSC）の構想が発表された日。今日は、欧州委員会本部などEUの機関が置かれているブリュッセルのビール、「カンティヨン・グース」を。特徴的なのは、ブリュッセルを流れるゼナ川に生息する酵母による自然発酵と、それによる強い酸味。複雑な香りも感じられる。

醸造所：カンティヨン
生産国：ベルギー
原材料：麦芽、ホップ、小麦
アルコール度数：5%
問い合わせ：小西酒造

カンティヨン・グース
Cantillon Geuze

---

10 愛鳥週間

スワンを冷蔵庫で保護

毎年5月10日〜16日は愛鳥週間。鳥類保護意識の普及のために定めたもので、この日はしっかり冷蔵庫で保護した「アンバースワンエール」を愛でながら飲んでみたい。カラメルとナッツを感じる適度なボディが全体をまとめている。アメリカ産ホップの華やかな香りも魅力。もちろんまだ保護していない他のスワンレイクビールでも、アリだ。

醸造所：スワンレイクビール
生産国：日本
原材料：麦芽、ホップ
アルコール度数：5%
問い合わせ：瓢湖屋敷の杜ブルワリー

アンバースワンエール
Amber Swan Ale

11

信越本線横川〜軽井沢間電化（1912年）

ビールも碓氷峠を越えて

　その昔、鉄道の難所と言われた横川〜軽井沢間の碓氷峠越え。1911年のこの日に電化され、1997年の新幹線開通まで使用されていた（P153）。横川からの長いトンネルを抜けるとそこは軽井沢。今では入手が容易になった「よなよなエール」の魅力は柑橘類を思わせるフルーティーな香り。そっと寄り添うモルトとのバランスが素晴らしい。

MAY 5

醸造所：ヤッホーブルーイング
生産国：日本
原材料：麦芽、ホップ
アルコール度数：5.5%
問い合わせ：ヤッホーブルーイング

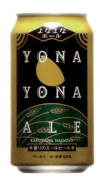

よなよなエール
Yona Yona Ale

12

クラフトセレクト発売開始（2015年）

ホップ香るさわやかな飲み心地

　世界には100種類以上のビアスタイルがあり、その個性を楽しめるシリーズが「クラフトセレクト」。第1弾として、「ペールエール」と「ブラウンエール」が発売開始された。「ペールエール」はホップにカスケードを使用し、その柑橘系のアロマを「レイトホッピング製法」でさらに引き出している。アロマと苦味の美しい組み合わせ。

醸造所：サントリービール
生産国：日本
原材料：麦芽、ホップ
アルコール度数：5%
問い合わせ：サントリービール

**クラフトセレクト
ペールエール**
CRAFT SELECT PALE ALE

13

ホワイトベルグ発売日

一番手軽なベルジャンホワイト

　2014年の今日、ホワイトベルグが発売。酒類区分は「リキュール(発泡性)①」で、いわゆる新ジャンルだが、製法はベルジャンホワイトに近い。オレンジピールによるフルーティーなアロマに、酸味を感じつつもまろやかな味わい。味わいもベルジャンホワイトを思わせる。この味を手軽に楽しめるなら、今日だけでなく毎日でも……。

醸造所：サッポロビール
生産国：日本
原材料：発泡酒(大麦麦芽、小麦麦芽、ホップ、大麦、コリアンダーシード、オレンジピール)、スピリッツ(大麦)
アルコール度数：5%
問い合わせ：サッポロビール

ホワイトベルグ
WHITE BELG

MAY 5

14

出雲大社例祭初日

今日の御神酒はヴァイツェン

　大国主大神を祀る出雲大社の最も重要な例祭。天皇の勅使を迎える祭で、勅祭とも言われる。16日までの3日間に渡って行われ、大勢の参拝客でにぎわう。神に捧げながら飲みたい酒は、出雲の隣にある松江のビアへるん「ヴァイツェン」。くすみのあるゴールドの液色に真っ白で豊かな泡立ち。リンゴのような酸味もありすっきり飲める。

醸造所：ビアへるん
生産国：日本
原材料：麦芽、ホップ
アルコール度数：5.5%
問い合わせ：ビアへるん

ヴァイツェン
Weizen

15

セブン‐イレブン日本1号店開店(1974年)

コンビニで買える素晴らしさ

　セブン‐イレブンの第1号店は、1974年のこの日に開店。コンビニの店舗数、売上でトップのセブン‐イレブンで先行発売されたのがこの「グランドキリン」だ。発酵中にホップを漬け込むディップホップ製法で、ホップの複雑な香りを引き出している。モルトの甘味とホップの苦味が調和し、フィニッシュにはメロンのような香りも。

醸造所：キリンビール
生産国：日本
原材料：麦芽、ホップ
アルコール度数：6%
問い合わせ：キリンビール

MAY 5

グランドキリン
Grand Kirin

16

オートキャンプの日
(毎年5月第3土曜日)

焼きマシュマロ……、欧米か！

　日本オートキャンプ協会が5月第3土曜日をオートキャンプの日としたもので、全国のキャンプ場でイベントが行われている。欧米では、キャンプでの定番は焼きマシュマロ。「キャンプファイアースタウト」は、材料にグラハムクラッカーとチョコレートモルトを使用し、焼きマシュマロのフレーバーを再現している。

醸造所：ハイウォーター・ブルーイング
生産国：アメリカ
原材料：麦芽、ホップ、オート麦、糖蜜、クッキー、バニラ、マシュマロ
アルコール度数：6.5%
問い合わせ：AQベボリューション

キャンプファイアースタウト
Campfire Stout

17 ノルウェー憲法制定（1814年）

バランス感覚抜群 IPA

　1814年のこの日、ノルウェー憲法が制定された。現在まで数百回と修正されているが、現行の憲法としてはヨーロッパで最も古いとされている。そんなノルウェーの代表的醸造所がヌグネ。フラグシップの「IPA」は、どっしりの一歩手前のボディに強く丸い苦味が感じられる。オレンジフレーバーが魅力のバランス感覚抜群なIPA。

醸造所：ヌグネ
生産国：ノルウェー
原材料：麦芽、ホップ
アルコール度数：7.5％
問い合わせ：ウィスク・イー

MAY 5

ヌグネ IPA
Nogne IPA

---

18 TGVが世界最高速度を記録（1990年）

1664年創業のフランスビール

　フランスの高速鉄道TGVが、試験走行で世界最速の時速515.3kmを記録。営業最高速度としては1981年に新幹線を上回っている。今でこそフランスビールが日本に入ってくるようになってきたが、以前は「クローネンブルグ1664」ばかりだった。麦芽の香りとほのかな甘味の後、かすかにやってくる苦味が印象的なピルスナー。

醸造所：クローネンブルグ
生産国：フランス
原材料：麦芽、ホップ
アルコール度数：5％
問い合わせ：日本ビール

クローネンブルグ 1664
Kronenbourg 1664

19 ブルジュ・ハリーファが世界一の高さに（2008年）

記録は破られるためにある

　828mの高さを誇るドバイの高層ビル、ブルジュ・ハリーファ。ただ、すでに1000mを超える予定のビルが建設中で、いつかは抜かれることになる。今日は、かつてベルギーで最もアルコール度数の高いビールだったであろう「ロシュフォール10」を。フルボディで完熟プラムの味わいやスパイシーさ、というだけではとても表現しきれない複雑さが特徴。

醸造所：ロシュフォール
生産国：ベルギー
原材料：麦芽、ホップ、糖類
アルコール度数：11.3%
問い合わせ：小西酒造

MAY 5

ロシュフォール 10
Rochefort 10

---

20 都営トロリーバスが開業（1952年）

トロリーのようにゆっくりと

　1952年の今日、上野公園〜今井橋間で都営トロリーバスが開業。1968年に廃止されるまで、都民の足として利用されていた。サンディエゴには現在もトロリーが走り、それがラベルに描かれている。しっかりとしたカラメルモルトの甘味に加え、レーズンのような風味もかすかに感じるレッドエール。トロリーのようにゆっくりと味わいたい。

醸造所：カールストラウス
生産国：アメリカ
原材料：麦芽、ホップ
アルコール度数：5.8%
問い合わせ：ナガノトレーディング

レッドトロリーエール
Red Trolley Ale

21 肝臓週間

ビアライフは健康な肝臓があってこそ

　毎日何杯もビールを飲んでいる皆さん、そろそろ肝臓がお疲れではないだろうか。5月第4週は肝臓週間。休肝日なんて考えられない！　という人は、せめて低アルコールビールで肝臓をいたわろう。このビールは、ブルーベリー、ラズベリー、ビルベリーの3種のベリー果汁を使用。ベリーの香り漂うさわやかなフルーツビール。

醸造所：サンフーヤン
生産国：ベルギー
原材料：麦芽、小麦、ホップ、果汁、糖類
アルコール度数：3.5%
問い合わせ：ブラッセルズ

**グリゼット・
フリュイ・デ・ボワ**
Grisette Fruits des bois

MAY 5

---

22 コナン・ドイル誕生日（1859年）

ホームズの推理のようにクリア

　スコットランド出身の小説家コナン・ドイル。代表作『シャーロック・ホームズ』シリーズはあまりにも有名だ。同じスコットランドのハービストンブルワリー「ビター＆ツイステッド」を飲みながらページをめくりたい。レモンのようなさわやかな香りと酸味、モルトの甘味が心地よい味わい。4.2%のアルコール度数なら推理にも影響ない？

醸造所：ハービストン
生産国：イギリス
原材料：麦芽、ホップ
アルコール度数：4.2%
問い合わせ：ウィスク・イー

ビター＆ツイステッド
Bitter & Twisted

23

ドイツ連邦共和国臨時政府が成立
（1949年）

力強い西ドイツのマイボック

　第二次世界大戦での敗戦後、4カ国に分割統治されたドイツ。1949年に米英仏統治地域をまとめてドイツ連邦共和国（西ドイツ）が成立した。かつて西ドイツだったミュンヘンの「ホフブロイ マイボック」（マイとはドイツ語で5月）が今日のビール。ローストモルトとホップの苦味が、アルコール度数7.2%の力強さで整えられている。

醸造所：ホフブロイ・ミュンヘン
生産国：ドイツ
原材料：麦芽、ホップ
アルコール度数：7.2%
問い合わせ：アイエムエーエンタープライズ

MAY 5

ホフブロイ マイボック
Hofbräu Maibock

24

コモンウェルスデー

さわやかで気さくな伯爵

　ビクトリア1世の誕生日（1819年）を記念した日。在位期間はイギリス国王最長で、この時期はイギリスが特に栄えた時期でもある。「Jarl（ノルウェー語で伯爵）」と名付けられたイギリスビールで、古き良きイギリスに乾杯したい。フレッシュなホップの香りが心地よいブロンドエールで、伯爵のイメージとは異なる印象。気楽に飲もう。

醸造所：ファインエールズ
生産国：イギリス
原材料：麦芽、ホップ
アルコール度数：3.8%
問い合わせ：ウィスク・イー

ヤール ホッピー・ブロンドエール
Jarl Hoppy Blonde Ale

25 主婦休みの日

主婦もたまには休みたい

　家事や育児など年中無休の主婦に休日を、ということで制定されたのがこの日。1月25日、9月25日も主婦休みの日とされている。年3回の休みでは足りないと思うが、せめて「ラ・シュフ」でリフレッシュしてほしい。洋ナシのようなフルーティーな香りに、酵母のスパイシーさとホップの苦味。ドライな後味でつい進んでしまう。1本では足りない？

醸造所：ア・シュフ
生産国：ベルギー
原材料：麦芽、ホップ、コリアンダー、糖類
アルコール度数：8％
問い合わせ：小西酒造

ラ・シュフ
La Chouffe

MAY 5

---

26 ドイツ条約調印（1952年）

アインベックがなまってボックに

　米英仏と西ドイツの間で交わされたドイツ条約。ボン協定とも言われる。これによって連合国による西ドイツの占領が終わり、主権が回復された。今日はボックの語源と言われるアインベックの醸造所アインベッカーの「マイウルボック」を飲みたい。モルトの甘味は控えめで、ホップのさわやかさが際立つ。後味のキレがよいボック。

醸造所：アインベッカー
生産国：ドイツ
原材料：麦芽、ホップ
アルコール度数：6.5％
問い合わせ：大榮産業

マイウルボック
Mai-Ur-Bock

27 ツナの日

マグロ同様しっかりボディ

　毎月27日はツナの日。クロマグロやキハダマグロなど多くの種類があるが、ビールファンにとってはマグロといえばメバチマグロ。目が大きいからメバチと付けられたのだが、その感覚は日本語でも英語でも同じのようだ。「ビッグアイIPA」はホップはセンテニアルを使用し、そのシャープで強い苦味が余韻まで続く。

醸造所：バラストポイント
生産国：アメリカ
原材料：麦芽、ホップ
アルコール度数：7%
問い合わせ：ナガノトレーディング

ビッグアイ IPA
Big Eye IPA

---

28 ゴルフ記念日

ゴルフの聖地で飲める唯一のビール

　1927年のこの日、第1回日本オープンゴルフ選手権が開催。これを記念してエスポートミズノが制定した。ゴルフ発祥の地であるセントアンドリュースの名前を冠し、そのクラブハウスで唯一販売されているのがこのビール。フルーティーなホップの香りを感じるスコティッシュエールで、カラメルのフレーバーも楽しめる。

醸造所：ベルヘブン
生産国：イギリス
原材料：麦芽、ホップ
アルコール度数：4.6%
問い合わせ：日本ビール

セント・アンドリュース
St. Andrews Ale

29

ジャパン・ブルワリーが「キリンビール」の広告を出した日（1888年）

120年かけたビールの進化

　後にキリンビールとなるジャパン・ブルワリーと一手販売契約を結んだ明治屋が、「キリンビール」の広告を出した日（他にも何日か広告を出している）。それから120年以上の時が流れ、メインブランドの一つとなっているのが「一番搾り」。ハチミツが隠されているかのような甘いアロマが漂い、モルトの甘味の後にキレのいい苦味が現れる。

醸造所：キリンビール
生産国：日本
原材料：麦芽、ホップ
アルコール度数：5%
問い合わせ：キリンビール

キリン一番搾り生ビール
KIRIN ICHIBAN

MAY 5

30

巣鴨拘置所閉鎖（1958年）

太陽の笑顔がまぶしい

　巣鴨プリズンと呼ばれた巣鴨拘置所がこの日に閉鎖。1978年には、跡地にサンシャイン60を含むサンシャインシティが開業する。太陽の光が強くなってきたこの時期には、カリフォルニアのサンシャインを感じるビールを。フルーティーで落ち着いたアロマ。香ばしさもあるしっかりしたボディに、やや草っぽいホップの苦味がしっかり合う。

醸造所：デビルズキャニオン
生産国：アメリカ
原材料：麦芽、ホップ
アルコール度数：7.1%
問い合わせ：ナガノトレーディング

カリフォルニアサンシャイン IPA
California Sunshine IPA

31

横浜開港150周年記念式典開催
（2009年）

MAY 5

横浜の水とホップの出合い

　1859年の開港から150年経ち、記念式典が開催されたのがこの日。「開国博Y150」も150日間に渡り開催されていた。「YOKOHAMA XPA」はその横浜の濁度0.0000という透明度の高い水「はまっ子どうし」を仕込み水として使っている。ホップを大量に使用し、柑橘や草っぽい香り、シャープで強い苦味。長く続く余韻にうっとりする。

醸造所：サンクトガーレン
生産国：日本
原材料：麦芽、ホップ
アルコール度数：6％
問い合わせ：サンクトガーレン

YOKOHAMA XPA

YOKOHAMA XPA

今日は最高！な日に飲みたいビール ①

オールドワールド IPA
（醸造所：ブリュードッグ）

　イギリスのブリュードッグが、独自の解釈で古き良き IPA を醸造。限定生産で現在ではほぼ入手不可能だが、ぜひレギュラーにしてもらいたいビール。オレンジを思わせる香りが漂い、それだけで「これは間違いない」と思わせる。まろやかな酸味と甘味が現れた後には、これぞ IPA と思わせる苦味とグラッシーなフレーバー。

01 岡山市が市制施行（1889年）

意外なモノの発祥地岡山のビール

　カラオケボックスや点字ブロックの発祥の地でもある岡山市が、1889年に市制施行。1995年から発売開始された独歩ビールは、中国地方では初のビール。独歩とは禅宗に出てくる言葉で、ドイツスタイルを造る独歩ビールにとってはドイツの「独」でもある。「ピルスナー」はホップの香りと苦味が爽快な、酵母無濾過のビール。

醸造所：独歩ビール
生産国：日本
原材料：麦芽、ホップ
アルコール度数：5%
問い合わせ：宮下酒造

ピルスナー
Pilsner

JUN 6

---

02 横浜開港記念日

文明開化の横浜が描かれたラベル

　旧暦1859年6月2日に横浜港が開港され、新暦でもそのまま6月2日が記念日となっている。毎年この日とその前後には横浜開港祭が開催。横浜の名を冠したこのビールで記念日を祝いたい。レモンを思わせるフルーティーなアロマ。しっかりしたレモンの薄皮を思わせる苦味がフィニッシュまで持続。温度が上がるとカラメル感が顔を出す。

醸造所：横浜ビール醸造所
生産国：日本
原材料：麦芽、ホップ
アルコール度数：5%
問い合わせ：横浜ビール

横浜ラガー
Yokohama Lager

03 ジャイプル IPA
Jaipur IPA

ウェストン祭（6月第1土・日）

JUN 6

醸造所：ソーンブリッジ
生産国：イギリス
原材料：麦芽、ホップ
アルコール度数：5.9％
問い合わせ：ウィスク・イー

ウェストンの功績を称えて

　イギリス・ダービー出身のウォルター・ウェストンは、日本の山を世界に紹介した人物。彼の碑が設置されている上高地では、毎年6月第1土・日にウェストン祭を開催している。出身地ダービーにも近いソーンブリッジの「ジャイプルIPA」で、彼の功績を称えたい。スムースでしっかりしたボディを、トロピカルなフレーバーでまとめている。

04 ゲルニカ完成（1937年）

エル・ブジとの共同開発ビール

　ドイツ軍のゲルニカ爆撃をテーマに描かれたピカソの『ゲルニカ』がこの日に完成。現在は、マドリードのソフィア王妃芸術センターで展示されている。スペイン語で「前例のない」という意味の「イネディット」は、ダムと伝説のレストラン「エル・ブジ」が共同開発したもの。オレンジの香りにシルキーな口当たりで、全体的にやわらかい印象。

醸造所：ダム
生産国：スペイン
原材料：麦芽、ホップ、小麦、糖類、コリアンダー、オレンジピール、リコリス
アルコール度数：5%
問い合わせ：都光酒販

イネディット
Inedit

JUN 6

---

05 104.5エール発売日（2014年）

店舗限定ビールを自宅で

　ブルーノート東京の直営店で、神田淡路町にあるカフェ＆エピスリー「cafe104.5」。「104.5エール」は同店のオープン（2013年4月12日）に合わせて常陸野ネストビールと共同開発したビールで、ボトルは2014年6月5日から店舗限定で発売している。フランス産ホップとオレンジピールによる柑橘の風味がアクセント。店内だけでなく自宅でも。

醸造所：常陸野ネストビール
生産国：日本
原材料：麦芽、ホップ
アルコール度数：6.2%
問い合わせ：木内酒造

104.5 エール
104.5 Ale

06 デュベル
Duvel

悪魔の日

JUN 6

醸造所：デュベル・モルトガット
生産国：ベルギー
原材料：麦芽、ホップ、糖類
アルコール度数：8.5%
問い合わせ：小西酒造

悪魔のビールは飲み過ぎ注意

　新約聖書の『ヨハネの黙示録』に獣の数字として記されている666が、転じて悪魔の数字となった。ビールの世界で悪魔といえばこのビール。「デュベル（悪魔）」という名前とは裏腹に、クリアなゴールドの色合い。強いカーボネーションで豊かな泡。グレープフルーツのような香りと口当たりのよさで、ついつい飲んでしまう。

07 誕生花 バラ

イングランドの伝統を思う

　イングランドの国花はバラだが、正確には赤と白のバラを合わせた、かつてのテューダー朝の紋章テューダー・ローズのこと。バラにはイングランド・マンチェスターの伝統的なパブエールを合わせてはどうだろうか。窒素のウィジェットによるクリーミーな泡、カラメルとダージリンのフレーバーはまさにイングランドのエール。

醸造所：アンハイザー・ブッシュ・インベブ
生産国：イギリス
原材料：麦芽、ホップ
アルコール度数：5%
問い合わせ：アイコン・ユーロパブ

ボディントンパブエール
Boddingtons Pub Ale

JUN 6

---

08 梅雨入り

梅雨にはさわやかなホワイトを

　関東甲信地方の梅雨入り平年値がこの日（2010年までの30年間）。湿気を好むカタツムリは、この時期の象徴ともいえる存在。カラコル醸造所の「カラコル」もカタツムリという意味で、「トゥルブレット」にもカタツムリが描かれている。レモンのようなさわやかな酸味が特徴のベルジャンホワイト。薪で釜を熱して醸造している。

醸造所：カラコル醸造所
生産国：ベルギー
原材料：麦芽、小麦、糖類、ホップ、コリアンダー、オレンジピール、レモンジュース
アルコール度数：5.5%
問い合わせ：M's Kitchen

トゥルブレット
Troublette

09 セクレタリアトがアメリカクラシック三冠を達成（1973年）

トリプルクラウンのインパクト

ベルモントステークスを30馬身以上の大差で勝ち、三冠を達成したセクレタリアト。当時の映像を見ると爽快な気分にさえなる。そんなセクレタリアトには、大きく「3」と描かれたIPAがふさわしい。グラッシーな香り、カラメルの甘味、切れ味鋭い苦味が、セクレタリアトのレース同様、強烈なインパクトのある味わいを造り出している。

JUN 6

醸造所：スクーナーエグザクト
生産国：アメリカ
原材料：麦芽、ホップ
アルコール度数：6.7%
問い合わせ：ビア・キャッツ

スリーグリッド IPA
3-Grid IPA

---

10 無添加の日

ビール純粋令をしっかり遵守

「無(6) 添(10)」の語呂合わせで、無添加化粧品のファンケルが制定。麦芽、ホップ、水、酵母以外は使わないという、ビール純粋令とも通じるところがある。「ヴァルシュタイナー」ももちろんビール純粋令を遵守しているピルスナー。まろやかな軟水を使用し、透き通ったゴールドの色合いでマイルドな口当たり。ほのかな酸味も絶妙。

醸造所：ヴァルシュタイナー
生産国：ドイツ
原材料：麦芽、ホップ
アルコール度数：4.8%
問い合わせ：小西酒造

ヴァルシュタイナー
Warsteiner

11 カメハメハ・デー

ハワイの代表的ラガービール

かのカメハメハ大王のハワイ王国がハワイ諸島を統一したのが1810年のこの日。以降、共和制となり、アメリカに併合されたのが1898年。「プリモ」が造られはじめたのはほぼ同時期の1897年から。すっきりとキレのある味わいで、ハワイのような暑い地域にぴったりのビール。梅雨のジメッとした時期にもリフレッシュできる。

醸造所：プリモ
生産国：アメリカ
原材料：麦芽、ホップ、糖類
アルコール度数：5%
問い合わせ：三井食品

JUN 6

プリモ
Primo

---

12 ロシアの日

ロシアの看板ビール

1990年にロシア・ソビエト連邦社会主義共和国で国家主権宣言が採択されたことを記念した日。当初は「独立記念日」とも言われていたが、1998年から「ロシアの日」となった。そんな日はロシア最大のビールメーカーのストロングラガーを。スムーズな喉越しで、モルトの甘味は控えめだが、アルコールがストレートに感じられる。

醸造所：バルティカブリュワリー
生産国：ロシア
原材料：麦芽、ホップ
アルコール度数：8%
問い合わせ：池光エンタープライズ

バルティカ No.9
Baltika No.9

13 鉄人の日

鉄人をいたわるやさしい味わい

「鉄人」と呼ばれた広島カープの衣笠祥雄が、1986年のこの日に2131試合連続出場を達成。メジャーリーグのルー・ゲーリックが持つ世界記録を更新した。広島の隣の呉ビール「ヴァイツェン」で栄誉を称えたい。適度な甘味と酸味のバランス。鼻から抜けるバナナの余韻。弱めのカーボネーションでモルトの旨味をじっくり味わえる。

JUN 6

醸造所：呉ビール
生産国：日本
原材料：麦芽、小麦麦芽、ホップ
アルコール度数：5%
問い合わせ：呉ビール

**海軍さんの麦酒
ヴァイツェン**

Weizen

---

14 手羽先記念日

名古屋の最強コンビ

　1981年のこの日に手羽先のチェーン店「世界の山ちゃん」が創業。この日を手羽先記念日とした。その同チェーンでも飲むことができるのが「名古屋赤味噌ラガー」。名古屋名産の赤味噌を使っているが、味に直接現れるわけではない。ボディと旨味を支え、しっかりとした飲みごたえに。もちろん「山ちゃん」の手羽先とも合う。

醸造所：盛田金しゃちビールブルワリー
生産国：日本
原材料：麦芽、ホップ、糖類、豆味噌
アルコール度数：6%
問い合わせ：盛田金しゃちビール

名古屋赤味噌ラガー

Nagoya Akamiso Lager

15 栃木県民の日

ホームセンターの英国スタイル

　1873年に栃木県と宇都宮県が合併したことを記念した日。プレストンエールは、栃木県のジョイフル本田宇都宮店(住所は上三川町)にあり、主にイングリッシュスタイルのビールを醸造している。イギリス産のケントゴールディングスを使用した、やさしさとさわやかさが両立したアロマ。軽い梨のようなフレーバーがホッとさせてくれる。

醸造所：プレストンエール
生産国：日本
原材料：麦芽、ホップ
アルコール度数：5%
問い合わせ：ホンダ産業 プレストンエール

ペールエール
Pale Ale

JUN 6

---

16 ピサの斜塔改修工事終了（2001年）

クラシカルなビールと斜塔

　徐々に傾きはじめたことにより、工事を行っていたピサの斜塔。直近の工事が終了したのが2001年の今日。しばらくは倒れないことを祈って、同じトスカーナ州のビールを。「アンブラータ」はファッロという古代小麦を使用。リンゴのようなアロマ、ハチミツの甘味が感じられる。5.5%ながら、アルコールのピリッとした刺激も。

醸造所：ラ・ペトロニョーラ
生産国：イタリア
原材料：麦芽、ホップ
アルコール度数：5.5%
問い合わせ：ノンナアンドシディ

アンブラータ
Ambrata

17 自由の女神がニューヨークに届く（1885 年）

ビールを飲める自由に乾杯

　ニューヨークのリバティ島に建ち、アメリカの象徴的存在でもある自由の女神。フランスから船で運搬され、アメリカに届いたのがこの日。今日のビールは、同じく船で運ばれていた歴史のあるIPAを。イギリス産ホップを使用したイングリッシュスタイルで、ハチミツを思わせるアロマ、じんわりとやってくる苦味がクセになる。

醸造所：ブルックリンブルワリー
生産国：アメリカ
原材料：麦芽、ホップ
アルコール度数：6.9%
問い合わせ：日本ビール

JUN 6

ブルックリン IPA

East India Pale Ale

---

18 ワーテルローの戦い（1815 年）

小便小僧のベルジャンホワイト

　ブリュッセルの南にあるワーテルローで、ナポレオンがイギリス・オランダ・プロイセン軍と戦って大敗した。ルフェーブルはそのワーテルローの近くにある醸造所。小便小僧が描かれたこのベルジャンホワイトは、まろやかな口当たりにレモンのような酸味。オレンジピールの香りが立ち、湿気の多いこの時期にさわやかに飲める。

醸造所：ルフェーブル
生産国：ベルギー
原材料：麦芽、小麦、オレンジピール、コリアンダー、ホップ
アルコール度数：4.5%
問い合わせ：ブラッセルズ

ブロンシュ・ド・ブリュッセル

Blanche de Bruxelles

19 京都府開庁記念日

落ち着いた京都のアンバーエール

　廃藩置県の前の1868年に京都府が発足したこの日は、同じく1800年代から京都周山街道沿いで酒造りを営む酒蔵の「アンバーエール」で乾杯。焙煎されたモルトの香ばしさと甘味で整えられたミディアムボディに、しっとりと現れるホップの苦味。アルコールやホップの強い刺激はなく、じっくりと楽しみたいビール。

醸造所：羽田酒造
生産国：日本
原材料：麦芽、ホップ
アルコール度数：5.5%
問い合わせ：羽田酒造

京都周山街道麦酒 アンバーエール
Syuzan Kaido Beer Amber Ale

JUN 6

---

20 父の日

さわやかな酸味のお父さん

　父の日にはいかにもお父さんという絵が描かれたこの・サワーエール。4種のホップでドライホッピングした後にオーク樽で4カ月寝かせている。口に含むとしっかりした酸味。ボディは軽めで、隠れた柑橘系の香りも。これからの時期は、氷を入れて飲むのもいいかもしれない。「ジェンノーム」とは若者という意味だそうで……。この人が若者？

醸造所：デ・ライト醸造所
生産国：ベルギー
原材料：麦芽、ホップ
アルコール度数：6.5%
問い合わせ：きんき

キュベ ジェンノーム
Cuvée Jeun' homme

21

ベルギーとの修好通商条約締結
(1866年・旧暦)

日白友好は大瓶を開けて

　1866年6月21日(旧暦)、日白修好通商条約を締結。2016年は150周年を迎える記念すべき年となる。2009年のWBAでワールドベストセゾンに選ばれたこのビールで乾杯。やわらかいオレンジフレーバーにスパイシーさがアクセント。ほどよいホップの苦味がこの時期の気候にぴったり。日本とベルギーの記念すべき日。大瓶でいこう。

JUN 6

醸造所：サンフーヤン
生産国：ベルギー
原材料：麦芽、ホップ、スパイス、糖類
アルコール度数：6.5％
問い合わせ：ブラッセルズ

サンフーヤン・セゾン
St-Feuillien Saison

22

イギリス国王ジョージ5世戴冠式
(1911年)

シックな黒いIPA

　映画『英国王のスピーチ』の主人公ジョージ6世の父であるジョージ5世が、戴冠式を行った日。戴冠式の重厚さに合うシックなデザインの「ブラックIPA」は、ホップ由来のグレープフルーツ香がさわやかなIPA。口に含むと、ロースト感がじんわりと広がっていき、ホップの苦味からローストの苦味へと変化していく過程が面白い。

醸造所：スチュワート・ブルーイング
生産国：イギリス
原材料：麦芽、ホップ
アルコール度数：5％
問い合わせ：ウィスク・イー

ブラックIPA
Black IPA

23 バノックバーンの戦い（1314年）

スコットランドのオーガニック

　スコットランドで国歌のように愛されている「フラワー・オブ・スコットランド」は、スコットランドとイングランドの間で起きたバノックバーンの戦いがモチーフ。スコットランドのブラックアイル「ゴールデンアイペールエール」はフラワリーなアロマとオレンジのフレーバー。ラベルにはスコットランドの国花アザミが描かれている。

醸造所：ブラックアイル
生産国：イギリス
原材料：麦芽、ホップ
アルコール度数：5.6%
問い合わせ：キムラ

ゴールデンアイ
ペールエール

Goldeneye Pale Ale

---

24 オランダ船がジャワ島に到着（1596年）

スパイスがきいた料理とともに

　1500年代末、オランダ船はインドネシア周辺にも現れるようになり、1596年にはジャワ島に到着。以後、オランダ東インド会社がこの地域の香辛料貿易を独占する。インドネシアのビールといえば「ビンタン」。ただすっきり飲めるだけではなく、モルトの甘味とキリッとした苦味も感じる。香辛料のきいた東南アジアの料理と一緒に。

醸造所：PTムルティビンタン
生産国：インドネシア
原材料：麦芽、ホップ、糖類
アルコール度数：4.8%
問い合わせ：池光エンタープライズ

ビンタン

Bintang

25 サザンオールスターズがデビュー（1978年）

茅ヶ崎の夏はサザンとビール

　サザンオールスターズが『勝手にシンドバッド』をリリースしてメジャーデビューした日。桑田佳祐は茅ヶ崎市出身でもあり、JR茅ヶ崎駅の発車メロディには『希望の轍』が使われている。茅ヶ崎のビールといえば湘南ビール。「ピルスナー」はさわやかなホップの苦味が、サザン同様、茅ヶ崎の夏にぴったり。バランスよくまとまっている。

JUN 6

醸造所：熊澤酒造
生産国：日本
原材料：麦芽、ホップ
アルコール度数：5%
問い合わせ：熊澤酒造

ピルスナー
Pilsner

---

26 『チャタレイ夫人の恋人』がわいせつ文書頒布等（刑法175条）違反で摘発（1950年）

体温が上がる本とビール

　1950年にわいせつ文書として摘発を受けた『チャタレイ夫人の恋人』。現在では摘発されずに刊行されているので、作家D・H・ロレンスの故郷イギリスのハイアルコールビールを飲みながら読んでみるのはいかがだろうか。「オガム・アッシュ」は、ロースト香とビターチョコレートのような味わい。温度が上がると複雑な香りが楽しめる。

醸造所：ザ・ケルト・エクスペリエンス
生産国：イギリス
原材料：麦芽、ホップ
アルコール度数：10.5%
問い合わせ：ジュート

オガム・アッシュ
OGHAM Ash

27 日照権の日

ビールに日照権はいらない

　1972年のこの日、日照権は法的に保護されるものだということが、最高裁で初めて明確にされた。日の当たるところに住む権利は誰しも平等にあるが、ビールに日光は厳禁。「グロッテン」とは洞窟を意味し、洞窟と同じ条件の温度が一定に保たれた環境で造られるビール。爽やかなリンゴとスパイシーな香りが同居し、レーズンの味わいも。

醸造所：カゼマッテン醸造所
生産国：ベルギー
原材料：麦芽、糖類、ホップ、コリアンダー、オレンジピール
アルコール度数：6.5%
問い合わせ：M's Kitchen

グロッテン・サンテ
Grotten Sante

JUN 6

---

28 新田義貞挙兵（旧暦1333年）

群馬に育まれた酒造のビール

　鎌倉時代から南北朝時代にかけて活躍した新田義貞。幕府を倒すために挙兵したのがこの日(旧暦5月8日)。その本拠だった群馬県太田市近くの館林市で、江戸時代に創業した龍神酒造のオゼノユキドケ「ホワイトバイツェン」が今日のビール。柑橘系アロマを感じるホップを使用。かすかな酸味と酵母のスパイス感も現れる。

醸造所：龍神酒造
生産国：日本
原材料：麦芽、小麦麦芽、ホップ
アルコール度数：5%
問い合わせ：龍神酒造

ホワイトバイツェン
White Weizen

29 盛岡さんさ踊りが和太鼓同時演奏の世界記録達成（2014年）

苦味の少ないまろやかシュバルツ

　8月1〜4日に行われる盛岡さんさ踊りだが、2014年のこの日に和太鼓同時演奏の世界記録（3437人）を達成。盛岡の醸造所、ベアレン醸造所のこのビールで乾杯しよう。漆黒の見た目からは意外なモルトの甘味。香ばしさを感じるが、ローストの苦味は強くない。余韻も控えめで、シュバルツ入門用としてもいいビールだ。

醸造所：ベアレン醸造所
生産国：日本
原材料：麦芽、ホップ
アルコール度数：5.5%
問い合わせ：ベアレン醸造所

ベアレン・シュバルツ
Baeren Schwarz

---

30 タワーブリッジ開通（1894年）

橋も心も跳ね上がる

　ビッグ・ベンとともにロンドンの象徴とも言えるタワーブリッジは、テムズ川に架かる跳ね橋。現在でも月に数回開くことがあるという。タワーブリッジにはソーンブリッジを。「ワイルド・スワン」はレモンやグレープフルーツを思わせる香りが特徴のホワイトゴールドペールエール。ゴクゴク飲めて、ジメジメした暑さのこの時期には最高！

醸造所：ソーンブリッジ
生産国：イギリス
原材料：麦芽、ホップ
アルコール度数：3.5%
問い合わせ：ウィスク・イー

ワイルド・スワン
Wild Swan

**JUL
7**

**AUG
8**

**SEP
9**

01 函館港開港記念日

社長さんじゃない人もぜひ

　1859年のこの日、横浜港・長崎港とともに開港した函館港。もともと北前船が寄港していた港でもあった。すぐ背後には函館山がそびえており、はこだてビールはその麓の地下水を使用している。「社長のよく飲むビール」は、1カ月熟成のストロングエール。しっかりとしたカラメルの甘味を、やさしいカーボネーションが際立たせている。

醸造所：はこだてビール
生産国：日本
原材料：麦芽、糖類、ホップ
アルコール度数：10％
問い合わせ：はこだてビール 株式会社マルカツ興産

JUL 7

社長のよく飲むビール

Shacho no yoku nomu beer

---

02 金閣寺放火事件（1950年）

燃える夏のためのビール

　足利義満によって建てられた金閣寺が放火により焼失。後に三島由紀夫が小説の題材にもしている。「コロナド・ゴールデン」はコロナド・ブリューイングが造るピルスナー。ジャーマンピルスナーとは違った、ほのかにフルーティーな香りを漂わせている。暑い夏にぴったりのドリンカブルなビール。『金閣寺』の読書のおともに。

醸造所：コロナド・ブリューイング
生産国：アメリカ
原材料：麦芽、小麦、ホップ
アルコール度数：4.9％
問い合わせ：ナガノトレーディング

コロナド・ゴールデン

Coronado Golden

03 渚の日

渚でそよぐ海風のように

　南紀白浜の海の目の前でビールを造るナギサビールが制定した日。白浜町の白良浜は「日本の渚100選」にも選ばれている。今日はぜひともナギサビールの「ペールエール」を飲んでみたい。5種類の麦芽と4種類のホップを使用したミディアムボディ。シトラスアロマがやわらかに漂い、苦味がじんわりと現れる穏やかな一杯。

醸造所：ナギサビール
生産国：日本
原材料：麦芽、ホップ
アルコール度数：5%
問い合わせ：ナギサビール

ペールエール
Pale Ale

JUL 7

---

04 アメリカ独立記念日

「自由の国」のビール

　1776年、アメリカ独立宣言を採択、イギリスから独立を果たした。「自由の国」アメリカの独立記念日には、「リバティーエール」を飲みながら自由とは何かを考えてみてもいいのでは。ドライホッピングにカスケードを使い、マスカットを思わせるフレーバー。喉を通り過ぎた後は、ホップ由来の強い苦味が次の一口へと誘う。

醸造所：アンカーブルーイング
生産国：アメリカ
原材料：麦芽、ホップ
アルコール度数：6%
問い合わせ：三井食品

リバティーエール
Liberty Ale

05 江戸切子の日

江戸切子のグラスに注いで

　ガラスに切子細工を施す江戸切子。その文様にもいろいろあるが、魚子（ななこ）紋にちなんでこの日が江戸切子の日とされた。江戸切子のような缶のデザインが楽しい「ヒップスターエール」は、柑橘系のアロマが漂い、ホップの苦味がしっかりきいたアメリカンペールエール。オレンジのフレーバーも感じられる。

醸造所：イーブル・ツイン・ブリューイング
生産国：アメリカ
原材料：麦芽、ホップ
アルコール度数：5.5%
問い合わせ：M's Kitchen

JUL 7

ヒップスターエール
Hipster Ale

---

06 安田講堂完成（1925年）

富山の自然が詰まったビール

　東京大学の安田講堂がこの日に完成。安田財閥を設立した安田善次郎の寄付によって造られたことで、安田講堂と呼ばれるようになった。その安田善次郎は富山県出身。富山県の宇奈月ビール「十字峡」で乾杯。黒部川の伏流水を使用したケルシュタイプ。爽快なホップの苦味を感じるライトボディで、すっきりと飲めるビール。

醸造所：宇奈月ビール
生産国：日本
原材料：麦芽、ホップ
アルコール度数：5〜6%
問い合わせ：宇奈月麦酒館

十字峡
Jujikyo

07

イクスピアリとロティズ・ハウスが
オープン (2000 年)

イクスピアリ内で造られるペールエール

　東京ディズニーリゾート内にあるショッピングモール、イクスピアリが2000年にオープン。その中のレストラン、ロティズ・ハウスの一角でハーヴェスト・ムーンが造られている。その定番5種類のうちのひとつ「ペールエール」はイングリッシュスタイルで、穏やかなホップの香りが立ち、味わい深いモルトフレーバーを楽しめるビール。

醸造所：ハーヴェスト・ムーン
生産国：日本
原材料：麦芽、ホップ
アルコール度数：5.5%
問い合わせ：イクスピアリ

ペールエール
Pale Ale

JUL 7

08

黒船来航 (1853 年)

黒船歓迎

　浦賀沖に現れたマシュー・ペリー率いるアメリカ海軍東インド艦隊。船体を黒く塗っていたことで黒船と呼ばれていた。その黒船を名前に付けたのが「黒船ポーター」。コーヒーのようなフレーバーに、ホップとは違うローストの苦味が適度に感じられる。泰平の眠りを覚ます黒船も、このビールなら大歓迎だ。

醸造所：ベアード・ブルーイング
生産国：日本
原材料：麦芽、麦、ホップ、糖類
アルコール度数：6%
問い合わせ：ベアード・ブルーイング

黒船ポーター
Kurofune Porter

09 鴎外忌

無類のビール好き留学生

　軍医であり小説家としても知られる森鷗外の命日。彼はミュンヘンをはじめドイツ各地で学び、その体験を元に『舞姫』を執筆している。鷗外の留学よりも前からビールを造っていた、プランクの「ヘラーヴァイツェンボック」を飲みながら『舞姫』を。薄い色の珍しいヴァイツェンボックは、バナナとクローブの香り漂う飲みごたえある1本。

醸造所：プランク
生産国：ドイツ
原材料：麦芽、ホップ
アルコール度数：7.8%
問い合わせ：KOBATSU トレーディング

JUL 7

ヘラーヴァイツェンボック
Heller Weizenbock

---

10 潤滑油の日

一番うまいエンジンオイル

　OILを上下に180度回転させると710と読めることから、この日が潤滑油の日に。オイルは現代生活に欠かせないものだが、ビール好きの生活を潤滑にするのが「オールドエンジンオイル」。ローストのアロマとクリーミーな口当たりが同居しているダークエール。チョコレートフレーバーとかすかな甘味、酸味がたまらない。

醸造所：ハービストン
生産国：イギリス
原材料：麦芽、オート麦、ホップ
アルコール度数：6%
問い合わせ：ウィスク・イー

オールドエンジンオイル
Old Engine Oil

11

コロラド州の過去最高気温 48 ℃が記録された日（1888 年）

暑くて飲まずにはいられない！

約1700mの高地にあるベネットで記録。アメリカ全土でも第5位となる暑さ。コロラド州の暑さを思いながら、コロラド州のビールはいかがだろうか。ベルジャンホワイトの「ホワイトラスカル」は、オレンジピールの香りが漂い、口に含むとすっきりとした甘味が広がる。イラストの印象とは異なる、甘味と酸味のバランスが取れた味わい。

醸造所：エイヴリー・ブルーイング
生産国：アメリカ
原材料：麦芽、ホップ
アルコール度数：5.6%
問い合わせ：AQ ベボリューション

ホワイトラスカル

White Rascal

JUL 7

12

木内幸男誕生日（1931 年）

ビールの木内マジック

元常総学院野球部監督の木内幸男氏。その采配は「木内マジック」と呼ばれ、常総学院を甲子園常連校に育て上げた。同じ茨城県にはもうひとつの「木内マジック」がある。それが木内酒造の造る常陸野ネストビール。定番の「ペールエール」は、イギリス産のモルトとホップによる穏やかで華やかなフレーバー。夏の甲子園まであと少し。

醸造所：常陸野ネストビール
生産国：日本
原材料：麦芽、ホップ
アルコール度数：5.5%
問い合わせ：木内酒造

ペールエール

Pale Ale

13 坂本龍馬が『船中八策』を著す(1867年)

見習いたい龍馬のバランス感覚

『船中八策』とは、徳川幕府後の日本の政治について、坂本龍馬の考えを書き留めたもの。大政奉還や議会制民主主義などが基本方針として書かれている。今日飲みたいのは、その龍馬の名前が付けられたこのビール。さわやかなホップ香るピルスナーで、苦味は控えめだが全体的にまとまっている。バランス感覚の優れた龍馬のような味わい。

JUL 7

醸造所：日本ビール醸造
生産国：日本
原材料：麦芽、ホップ
アルコール度数：4.5%
問い合わせ：日本ビール

坂本龍馬ビール
Sakamoto Ryoma Beer

---

14 フランス・パリ祭

革新的フランスビール

1789年のこの日、パリ市民がバスティーユ牢獄を襲撃。フランス革命の発端となった。フランス共和国の建国記念日でもある。そんな日には、フランスのビエール・ド・ギャルド「アノステーケ・ブロンド」を。ホップによる柑橘系のアロマと適度な苦味。8%と高めのアルコール度数で、自由の重みもかみしめながら。

醸造所：ブラッスリー・デュ・ペイ・フラマン
生産国：フランス
原材料：麦芽、ホップ
アルコール度数：8%
問い合わせ：F.B.Japan

アノステーケ・ブロンド
Anosteke Blonde

15 マンゴーの日

マンゴーで南国気分

　沖縄県農水産物販売促進協議会が2000年に制定したこの日。収穫が最盛期を迎え、みずみずしく甘いマンゴーが味わえる時期だ。沖縄のすぐお隣、台湾もマンゴーの名産地。台湾のマンゴーを使った「台湾啤酒 マンゴー」は、マンゴー果汁が入っており、マンゴーをそのまま味わっているかのような味わい。南国気分でどうぞ。

醸造所：台湾啤酒
生産国：台湾
原材料：果糖、麦芽、マンゴー果汁、米、マンゴー香料、ホップ
アルコール度数：2.8%
問い合わせ：KAHULUI

台湾啤酒 マンゴー

Taiwan Beer Mango

JUL 7

---

16 モンブラントンネルの開通式（1965年）

ビールもこのルートを通るかも？

　イタリアのクールマイユールとフランスのシャモニーを結ぶ全長11kmのモンブラントンネル。バラデン創業の地であるイタリア・ピエモンテ州からシャモニーへ向かうには、このルートが便利だ。「スーパー」はベルジャン・アンバーエールで、洋ナシ、ナッツ、干しブドウのフレーバーを感じるフルボディ。

醸造所：バラデン
生産国：イタリア
原材料：麦芽、ホップ、糖類、シナモン
アルコール度数：8%
問い合わせ：三井食品

スーパー

Super

17 東京の日

変わりゆく東京を表現

　1868年のこの日(旧暦)に江戸が東京と改称されたことにちなんだ日。今ではおいしいビールが飲める東京だが、その名前を冠したビールは意外と少ない。そのひとつがこのビール。醸造を重ねる度にレシピを進化させているが、版の違いに関わらず、2種のホップによるきれいな香りに寄り添うしっかりした苦味が心地よい。

醸造所：日本クラフトビール
生産国：日本
原材料：大麦麦芽、小麦麦芽、ホップ、糖類
アルコール度数：5%
問い合わせ：日本クラフトビール

JUL 7

Far Yeast 東京ブロンド
Far Yeast Tokyo Blonde

---

18 佐久郡小諸町発足（1876年）

藤村も眺めた千曲川

　後に小諸市となる小諸町が1876年に発足。小諸町は島崎藤村が教師として1年間赴任していた町で、その赴任期間を描いた作品が『千曲川のスケッチ』。同名のビールは酵母入りのゴールデンエール。しっかりとした麦芽の甘味を感じ、酵母によるスパイシーさがアクセントになっている。夏の千曲川を眺めながら飲んでみたい。

醸造所：オラホビール
生産国：日本
原材料：麦芽、ホップ
アルコール度数：4.5%
問い合わせ：信州東御市振興公社

千曲川のスケッチ
A Sketch of the Chikuma

19 やまなし桃の日

ピーチ感たっぷりのフレーバー

桃の生産量が日本一の山梨県。元日から数えて200日目(百百を「モモ」と読み替え)ということで、7月19日とした。品種にもよるが、今はちょうど桃がおいしい時期。桃のビールも楽しんでみたい。ランビックに桃の果汁を加え、フレーバーやトロッとした口当たりがまさに桃。バニラアイスが添えられたワッフルと合わせてもいい。

醸造所：リンデマンス
生産国：ベルギー
原材料：麦芽、ホップ、果汁
アルコール度数：2.5%
問い合わせ：ユーラシア・トレーディング

リンデマンス・ペシェリーゼ
Lindemans Pecheresse

JUL 7

---

20 海の日

沖縄の空と海のためのビール

7月第3月曜日は海の日。もともとは、明治天皇が汽船「明治丸」で航海し、7月20日に横浜へ帰港したことにちなむ海の記念日だった。この日には、沖縄の青い空と海を思わせるデザインのこのビールが最適だろう。スタイルはヴァイツェンで、まろやかな口当たり。苦味は少なく、暑い沖縄のためのさわやかな味わい。

醸造所：ヘリオスブルワリー
生産国：日本
原材料：麦芽、ホップ
アルコール度数：5%
問い合わせ：ヘリオス酒造

青い空と海のビール
Weizen

21 セゾンデュポン
Saison Dupont

ベルギー建国記念日

JUL 7

醸造所：デュポン
生産国：ベルギー
原材料：麦芽、ホップ、糖類
アルコール度数：6.5%
問い合わせ：ブラッセルズ

夏にはスタンダードなセゾン

　ベルギーがオランダから独立したのは1839年だが、建国記念日は1831年に初代国王レオポルド1世が即位したこの日。古くからベルギー南部で農閑期に仕込んで夏に飲まれていたセゾンをゴクゴク飲みたい。「セゾン・デュポン」は、ホップのさわやかなアロマ、モルトの甘味、酸味とすべての味わいのバランスが抜群。カーボネーションは強めで、ホップの苦味でまとめた爽快なフィニッシュだ。キリリと冷やして飲むのがベスト。

22 ナッツの日

スイーツと合わせるのもよし

　見ればすぐ語呂合わせとわかるナッツの日。ヘーゼルナッツはお菓子の材料として使われることが多く、チョコレートなどの甘いものとの相性がいい。このビールも、ヘーゼルナッツのフレーバーが軽い甘味とともに感じられ、ビール単品としてのバランスは抜群。チョコレートケーキなどのスイーツと合わせるのもまたよし。

醸造所：ローグエール
生産国：アメリカ
原材料：麦芽、ホップ
アルコール度数：6.2%
問い合わせ：えぞ麦酒

ヘーゼルナッツ
ブラウン ネクター

Hazelnut Brown Nectar

JUL 7

---

23 カシスの日

ビールでも目にやさしい？

　カシスは夏に収穫する果実。そこで夏を象徴する大暑の日をカシスの日とした。カシスの紫色は、眼精疲労を抑制するカシスアントシアニンの色で、実はブルーベリーよりもピントフリーズの抑制に効果があるという。今日は、カシス果汁を加えたカシス感たっぷりのビール。香り、甘味、酸味がまさにカシス。パソコン作業で疲れた後に。

醸造所：リンデマンス
生産国：ベルギー
原材料：麦芽、ホップ、果汁
アルコール度数：4%
問い合わせ：ユーラシア・トレーディング

リンデマンス・カシス

Lindemans Cassis

24 土用の丑の日

本日土用丑の日

　土用の丑の日にウナギを食べる習慣が広まったのは、江戸時代に平賀源内が「本日土用丑の日」というキャッチコピーを作ってから、いう説がよく知られている。そのウナギに付き物なのは山椒。この「馨和KAGUA」Rougeは山椒を使用していて、味わいはスパイシー。名前の通り、山椒由来のさわやかな香りも馨しい。

JUL 7

醸造所：日本クラフトビール
生産国：ベルギー
原材料：麦芽、ホップ、山椒、ゆず
アルコール度数：9％
問い合わせ：日本クラフトビール

「馨和 KAGUA」Rouge
KAGUA Rouge

---

25 バイエル誕生日（1803年）

ピアノもビールも基本が大切

　フェルディナント・バイエルはドイツ東部ハレ近郊出身の作曲家。ピアノの教則本で知られている。子どもの頃、ピアノを習っていた人には懐かしい名前だろう。バイエルの誕生日には、ドイツ東部のラーデベルグで造られている「ラーデベルガー・ピルスナー」を。麦芽の上品な香りと徐々に迫ってくるホップの苦味が特徴。

醸造所：ラーデベルガー
生産国：ドイツ
原材料：麦芽、ホップ
アルコール度数：4.8％
問い合わせ：Jena

ラーデベルガーピルスナー
Radeberger Pilsner

26 幽霊の日

日・ベルギーでファントム交流

『東海道四谷怪談』が1826年に中村座で初めて上演されたことによる。よく知られたあのお岩さんの話だ。今日はファントム（幽霊）の醸造家が自ら摘んだタンポポを使用した「ファントム・ピサンリ」を。ほんのりと感じる甘味と酸味。熟した果実のような香りが鼻から抜ける。かすかなスパイス感がタンポポなのか、ほどよいアクセント。

醸造所：ファントム
生産国：ベルギー
原材料：麦芽、ホップ、糖類、スパイス
アルコール度数：8％
問い合わせ：ブラッセルズ

ファントム・ピサンリ
Fantôme Pissanlit

JUL 7

---

27 バルセロナオリンピックで岩崎恭子が金メダル（1992年）

幸せを感じられるラガー

岩崎恭子がスペイン・バルセロナで「今まで生きてきた中で一番幸せです」と語った日。となれば、飲むと幸せを感じられそうなスペインのラガー「1906 レゼルヴァ・エスペシアル」。創業1906年以来、変わらない製法で造られている。ローストモルトの深い味わいが余韻まで持続。あのオリンピックから20数年。年をとるはずだ。

醸造所：エストレーリャ・ガリシア
生産国：スペイン
原材料：麦芽、ホップ
アルコール度数：6.5％
問い合わせ：リベラジャパン

1906 レゼルヴァ・エスペシアル
1906 Reserva Especial

28

ビアトリクス・ポター誕生日（1866 年）

ロンドンのさわやかなセゾン

　ロンドン生まれのビアトリクス・ポターは、『ピーターラビット』シリーズで知られる絵本作家。同じくロンドンで生まれたブリュー・バイ・ナンバーズの「01│01 シトラセゾン」はさわやかにホップ香るセゾンで、自然を愛した彼女にぴったり。ベルジャン酵母のスパイシーさがアクセント。数字でスタイルとレシピを管理しているのが面白い。

醸造所：ブリュー・バイ・ナンバーズ
生産国：イギリス
原材料：麦芽、ホップ
アルコール度数：5.5%
問い合わせ：ウィスク・イー

01│01 シトラセゾン
01│01 Citra Saison

29

白だしの日

ドイツの白ビールといえばコレ

　1978年に初めて白だしを販売した七福醸造が制定。白だしには白醤油が使われており、その原料には小麦が使われている。ビールで小麦といえばヴァイツェン。そのヴァイツェンでも世界最大の生産量と言われるエルディンガーをチョイス。口の中で泡が広がり、バナナ香が鼻から抜ける。甘味も酸味もあまり強くなく、すっきりとした味わい。

醸造所：エルディンガー
生産国：ドイツ
原材料：小麦麦芽、麦芽、ホップ
アルコール度数：5.3%
問い合わせ：大榮産業

ヴァイスビアヘーフェ
Erdinger Weißbier Hefe

30 梅干しの日

夏には梅と梅錦

　古来から梅干しを食べると難が去ると言われており、「難が去る」の語呂合わせで制定された。夏バテにも梅干しを食べたいところだが、リフレッシュに梅錦ビールもおすすめしたい。「ブロンシュ」は愛媛県産の伊予柑の皮を使っており、やわらかい酸味とのハーモニーが心地よい。フィニッシュはシトラスのような印象もあり華やか。

醸造所：梅錦ビール
生産国：日本
原材料：麦芽、小麦、大麦、ホップ、伊予柑果皮、コリアンダー
アルコール度数：5％
問い合わせ：梅錦山川

ブロンシュ
Blanche

JUL 7

---

31 ワイマール憲法採択（1919年）

新しきは伝統あってこそ

　1919年に採択されたワイマール憲法。女性参政権や労働者の団結権などを保障しており、当時としては画期的な最新の憲法だった。「古い」という意味のアルトを飲んで、温故知新の日としたい。長い首から注がれる琥珀色の液体。ローストされたほのかな麦芽の風味とやわらかいカーボネーションで、やさしい味わいを造り出す。

醸造所：ツム・ユーリゲ
生産国：ドイツ
原材料：麦芽、ホップ
アルコール度数：4.7％
問い合わせ：昭和貿易

ツム・ユーリゲ アルトビール
Uerige Alt

01 ラ・メール
La Meule

スイス建国記念日

AUG 8

醸造所：BFM
生産国：スイス
原材料：麦芽、ホップ、糖類、セージ
アルコール度数：6%
問い合わせ：The Counter

セージを使ったスイスのビール

　スイスの建国記念日は、1291年にスイスの3州が同盟を結んだこの日としているが、神聖ローマ帝国からの正式な独立は1648年。あまりビールのイメージはない国だが、スイス北西部で独創的なビールを造るBFMの「ラ・メール」で建国を祝いたい。アロマから感じるセージの存在感。ハチミツを思わせる甘味とフレーバーに、セージのスパイス感がアクセントとなっている。フィニッシュには全体をまとめる苦味がピリッと感じられる。

02 ハーブの日

ホップはなくてもビールは造れる

　ビールになくてはならないホップ。と思いきや、ホップを使わずにGruutと呼ばれるハーブを使用したビールがある。それがこの「フルートウィット」。中世にゲントで造られていたビールを復刻したもの。ベルジャンホワイトらしい小麦由来の酸味とかすかな甘み。苦味はほとんど感じることはなく、すっきりと軽やかな口当たり。

醸造所：フルート
生産国：ベルギー
原材料：麦芽、小麦、スパイス、酵母
アルコール度数：5%
問い合わせ：ブラッセルズ

フルートウィット
Gruut Wit

AUG 8

---

03 カリフォルニア州ウィートランドのホップ暴動（1913年）

ホップ関係者の待遇改善を

　ハイウォーター・ブルーイングのあるカリフォルニア州で、ホップ農場の労働者たちが待遇改善を求めた暴動のあった日。その暴動にちなんで名付けられた「ホップライオットIPA」の特徴は、口の中で暴動が起こったかのような強い苦味。とはいえ、しっかりしたモルトの甘味とのバランスがよく、華やかなシトラスフレーバーも。

醸造所：ハイウォーター・ブルーイング
生産国：アメリカ
原材料：麦芽、ホップ
アルコール度数：7.3%
問い合わせ：AQ ベボリューション

ホップライオット IPA
Hop Riot IPA

04 日本初のビヤホールが開業（1899年）

ビヤホールの生を目指して

　日本初のビヤホール「恵比寿ビール BEER HALL」が銀座にオープン。なお、現存する最古のビヤホールは、1934年4月8日にオープンした「ビヤホールライオン銀座七丁目店」。そのビヤホールで飲む生のうまさを追い求めたのが「黒ラベル」だ。暑い夏に飲む、1杯目のモルトの旨味とホップの爽やかさ。ああ、日本のビール。

醸造所：サッポロビール
生産国：日本
原材料：麦芽、ホップ、米、コーン、スターチ
アルコール度数：5％
問い合わせ：サッポロビール

サッポロ生ビール黒ラベル
SAPPORO KURO-LABEL

AUG 8

05 ハードコアテクノの日

ハードなボディとビター

　ハードコアテクノのレーベルが中心となって制定した日。ハードコアテクノとは、テンポが速く、ハードなビートを特徴とし……と説明するより聴くのが一番。IBU150とハードな苦味の「ハードコア インペリアルIPA」を片手に聴いてみては。IBUは高くても、モルトの甘味がなめらかな飲み心地を作り出している。上品にガツンとくる味わい。

醸造所：ブリュードッグブルワリー
生産国：イギリス
原材料：麦芽、ホップ
アルコール度数：9.2％
問い合わせ：ウィスク・イー

ハードコア インペリアル IPA
Hardcore Imperial IPA

06 インターナショナル IPA デー

アメリカン IPA ど真ん中

　8月第1木曜日は、IPAをおもいっきり楽しんでしまおうというインターナショナルIPAデー。IPAはイギリス発祥だが、いまや人気はアメリカ西海岸。その代表的なIPAが、2014年からダブルIPAとなったウェストコーストIPAだ。ビスケット感のあるどっしりしたボディにトロピカルフルーツアロマ、そして強烈な苦味。ホップ好きなら外せない。

醸造所：グリーンフラッシュ
生産国：アメリカ
原材料：麦芽、ホップ
アルコール度数：8.1%
問い合わせ：ナガノトレーディング

ウェストコースト IPA

West Coast IPA

AUG 8

07 バナナの日

バナナ感というよりもバナナ

　日本バナナ輸入組合が制定したバナナの日。何もひねることはなく、バナナのビールを飲んでしまおう。ガーナのバナナを使用しており、立ち上るアロマはまさにバナナ。かすかにスパイシーさもあるが、味わいも何もかもバナナづくしのビール。なお、2015年の今日は、インターナショナル・ビールデー（8月第1金曜日）でもある。

醸造所：ヒューグ
生産国：ベルギー
原材料：麦芽、ホップ、バナナ、小麦麦芽、オレンジピール、コリアンダー
アルコール度数：3.6%
問い合わせ：廣島

モンゴゾバナナ

Mongozo Banana

08 ルル・エスティバル
Rulles Estivale

パパの日

AUG 8

醸造所：ルル醸造所
生産国：ベルギー
原材料：麦芽、糖類、ホップ
アルコール度数：5.2%
問い合わせ：M's Kitchen

バランス感覚抜群おじさん

　パパに感謝をする日……と思いきや、パパが家事や育児などをする日。しかし、家事をする様子もなく、魚が釣れなくてものんきにビールを飲んでいるラベルのおじさん。家庭ではいいパパではないのかもしれないが、こんなオトナになってみたいと思わせる。エスティバルとは夏という意味。その名の通り夏にぴったりのセゾンで、甘味、苦味など突出した味わいはないが、すべてが最高のバランスでまとまっている。

09 パクチーの日

パクチー嫌いでもおいしく飲める

　パクチーの語呂合わせ。コリアンダーや香菜とも呼ばれるが、ビール好きならコリアンダーだろう。「グリゼット・ブロンシュ」をはじめ、多くのベルジャンホワイトにはコリアンダーが使用されている。紅茶のようなアロマとシトラスフレーバーにコリアンダーのスパイス感がアクセント。小麦由来の酸味を感じ、スッと消えていく。

醸造所：サンフーヤン
生産国：ベルギー
原材料：麦芽、小麦、オート麦、ホップ、スパイス、糖類
アルコール度数：5.5%
問い合わせ：ブラッセルズ

グリゼット・ブロンシュ
Grisette Blanche

AUG 8

10 帽子の日

修道士の頭を守りたい

　「ハット」の語呂合わせで帽子の日。帽子とこのビールは関係ないじゃないかと思われるかもしれないが、実はこの修道士、昔のラベルでは帽子を被っていた。なぜ帽子を取ってしまったのかは不明だが、帽子を被せて地肌を守ってあげたいと思うのは私だけだろうか。ややスパイシーさもあり、飲みごたえあるベルジャンホワイト。

醸造所：セント・ベルナルデュス醸造所
生産国：ベルギー
原材料：麦芽、小麦、糖類、ホップ
アルコール度数：5.5%
問い合わせ：M's Kitchen

セント・ベルナルデュス・ホワイト
St. Bernardus White

11 山の日

夏山の後の爽快ペールエール

2016年から新たに国民の祝日となる山の日。海の日に遅れること13年、やっと施行されることに。緑あふれる夏山を楽しんだ後には、シエラネバダ山脈の麓で造られるこのビールを飲んでほしい。醸造所の創業から造られているフラッグシップで、ホールホップを使ったさわやかなシトラスフレーバーとすっきりした苦味。まさに夏のビール。

醸造所：シエラネバダ
生産国：アメリカ
原材料：麦芽、ホップ
アルコール度数：5.6%
問い合わせ：ナガノトレーディング

ペールエール
Pale Ale

AUG 8

12 日本最高気温を記録した日（2013年）

暑い夏には氷を浮かべて

2013年のこの日、高知県四万十市江川崎で日本最高気温となる41.0度を記録。もはや熱帯と言いたくなる日本の夏だが、キンキンのラガーではなく「リーフマンス」のオン・ザ・ロックはどうだろうか。口に含むと、チェリーとベリー系のジュースを加えたフルーティーな香り。ロックにすることで甘味がおさえられ、すっきりとした味わいに。

醸造所：リーフマンス
生産国：ベルギー
原材料：麦芽、ホップ、さくらんぼ、フルーツジュース、香料、糖類、甘味料
アルコール度数：3.8%
問い合わせ：小西酒造

リーフマンス・オン・ザ・ロック
Liefmans on the Rocks

13 大山町でお盆の大献灯開催

地元の行事には地元のビール

　2013年から、鳥取県大山町の大山寺参道で8月13〜15日に開催されているお盆の大献灯。2014年は大山傘80本を使って参道などがライトアップされた。大山の行事には、大山Gビール「ペールエール」で乾杯したい。カスケードを使ったホップの爽やかなアロマ。モルトの甘味をしっかり感じられ、後味にはやさしい苦味が現れる。

醸造所：大山Gビール
生産国：日本
原材料：麦芽、ホップ
アルコール度数：4.5%
問い合わせ：久米桜麦酒

ペールエール
Pale Ale

AUG 8

14 ケルン大聖堂完成（1880年）

ケルンの代表的ケルシュ

　ケルンのシンボル、大聖堂が完成したのは1880年。焼失してしまった大聖堂を建て直し始めたのが1248年なので、実に600年以上もかかったことになる。そのケルンのビールといえばケルシュ。「フリュー・ケルシュ」は、リンゴやハチミツを思わせる甘味や酸味、そしてモルトの旨味が口に広がる。最後は軽いホップの苦味が残り、爽快な気分に。

醸造所：フリュー
生産国：ドイツ
原材料：麦芽、ホップ
アルコール度数：4.8%
問い合わせ：昭和貿易

フリュー・ケルシュ
Früh Kölsch

15 ザビエルが鹿児島に上陸（1549年）

信じるのはビールの神様

　1549年のこの日、鹿児島県祇園之洲町に上陸したフランシスコ・ザビエル。彼が布教したデウス（神）ではなく、ビールの「デウス」のご加護を受けたい。ルミアージュ（動瓶）、デゴルジュマン（澱抜き）といったシャンパンと同じ製法で、シャンパンを彷彿とさせる味わい。リンゴやジンジャーのニュアンスとスパイス感もある。

醸造所：ボステール
生産国：ベルギー
原材料：麦芽、ホップ、糖類
アルコール度数：11.5%
問い合わせ：廣島

デウス
Deus

AUG 8

16 英女王から米大統領へ大西洋横断電信ケーブルの完成を祝うメッセージを送信（1858年）

イギリスとアメリカでビールの交信

　1858年8月5日に完成した大西洋横断電信ケーブルを使い、イギリスのヴィクトリア女王からアメリカのブキャナン大統領へメッセージを送信。アメリカに伝わるまで16時間以上かかったという。今日飲むのはアメリカのホップを使ったシトラス感たっぷりのペールエール。柑橘系の皮の苦味がしっかり感じられるが、口当たりよくスイスイ飲める。

醸造所：カムデンタウン
生産国：イギリス
原材料：麦芽、ホップ
アルコール度数：4%
問い合わせ：ウィスク・イー

カムデン ペールエール
Camden Pale Ale

17 パイナップルの日

パイナップルがギュッとつまったビール

　見ての通り、「パ(8) イナ(17) ップル」の語呂合わせ。となれば、パイナップルの旬の時期でもあるので、「パイナップルエール」を飲んでおきたい。手作業で切ったゴールデンパインを麦汁に大量投入して造っているので、パイナップルフレーバー満載。軽快な飲み心地で、フレッシュ＆ジューシーな味わいが夏にぴったりの春夏限定ビール。

醸造所：サンクトガーレン
生産国：日本
原材料：麦芽、麦、ホップ、パイナップル
アルコール度数：5％
問い合わせ：サンクトガーレン

パイナップルエール
Pinapple Ale

AUG 8

18 米の日

88 の手間がかかっている？

　米という漢字を分解すると「八十八」となり、米を栽培するには八十八の手間があるとか、八十八回噛まないといけないとか、その数字に意味付けをする話がいくつかある。この日もその八十八にちなんだ日。古代米の赤米と清酒用大吟醸酵母を使ったこのビールは、赤い色合いにベリー系のフレーバーも感じられる。数字は気にせず飲もう。

醸造所：常陸野ネストビール
生産国：日本
原材料：麦芽、ホップ、米
アルコール度数：7％
問い合わせ：木内酒造

赤米エール
Red Rice Ale

19 スプートニク5号打ち上げ（1960年）

夏の夜空を眺めながら

　スプートニク5号には、2匹の犬やマウスなどの動物たちが乗せられていた。人間よりも先に宇宙へ飛んで無事帰還した動物たちに思いを馳せながら、熱気球が趣味の創業者によるフライングブルワリー「アヴィエイター・エール」を。グラッシーなアロマが香るが、苦味は適度。モルトの甘味とのバランスが整っている。

醸造所：フライングブルワリー
生産国：オーストリア
原材料：麦芽、ホップ
アルコール度数：5%
問い合わせ：Jena

AUG 8

アヴィエイター・エール
Aviator Ale

---

20 フェッラーラ・バスカーズ・フェスティバル2015開催

アーティスティックなイタリアン

　歴史地区が世界遺産に登録されているフェッラーラ。毎年この時期は大道芸フェスでにぎわっている。フェッラーラと同じエミリア・ロマーニャ州の醸造所といえばデュカート。「セゾン」はミカンのようなアロマとキレのある甘味。その後、ホップと酵母による苦味がじわっとやってくる。すっきり飲みたい方は澱を入れずに。

醸造所：デュカート
生産国：イタリア
原材料：麦芽、ホップ
アルコール度数：6.2%
問い合わせ：ノンナアンドシディ

セゾン
Saison

21 ハワイが州に昇格（1959年）

ハワイ感満載の IPA

　アメリカ全50州のうち、最後に州となったハワイ。そのハワイ諸島の中で2番目に大きいマウイ島でビールを醸造しているのがマウイブリューイング。「ビッグスウェルIPA」は、パッションフルーツやマンゴーのフレーバーを感じる、まさにハワイのIPA。口に含むとすぐホップ由来の苦味を感じるが、強すぎず、いつまでも飲める。

醸造所：マウイブリューイング
生産国：アメリカ
原材料：麦芽、ホップ
アルコール度数：6.8%
問い合わせ：ナガノトレーディング

ビッグスウェル IPA
Big Swell IPA

AUG 8

22 金シャチの日

まさに尾張名古屋は城でもつ

　特にこの日に由来があるわけではなく、名古屋市章の「八」と、2を鯱の形に見立てた日。金シャチの日ということなら、飲むべきは盛田金しゃちビール。その中でも、この暑い時期は「ホップ香るビール」を選びたい。スタイルはゴールデンエール。IPAのような草っぽさはなく、柑橘の香りがふわっと漂い、上品な苦味が味わえる。

醸造所：盛田金しゃちビールブルワリー
生産国：日本
原材料：麦芽、ホップ
アルコール度数：5%
問い合わせ：盛田金しゃちビール

ホップ香るビール
Hop Kaoru Beer

23 志賀高原大蛇祭り

自家栽培の米とホップを使用

毎年この時期に3日間開催される志賀高原大蛇祭り。この大蛇は地元の黒姫伝説に出てくるもので、志賀高原ビールのロゴのモチーフとなっている。となれば、志賀高原ビールの「Miyama Blonde」。自家栽培の酒米を使用。レモンのアロマと鼻から抜けるグラッシーなフレーバーを楽しめる。じんわりとした苦味がフィニッシュまで持続。

醸造所：玉村本店
生産国：日本
原材料：麦芽、米、ホップ
アルコール度数：6.5%
問い合わせ：玉村本店

Miyama Blonde

Miyama Blonde

AUG 8

---

24 愛酒の日

酒豪の真似はしないように

酒好きで知られた歌人、若山牧水の誕生日にちなんだ日。旅行中には一日平均二升五合飲んだとも言われている。彼ほど無理はしない程度に、今日はハイアルコールのビールを楽しんでみよう。アルコール度数11%の「キャスティールブリューン」は、プルーンやカスタードの香りに上質な砂糖のような甘味がある。飲み過ぎには注意。

醸造所：ヴァンホンスブルク
生産国：ベルギー
原材料：麦芽、ホップ、糖類
アルコール度数：11%
問い合わせ：廣島

キャスティールブリューン

Kasteel Donker

25 バイエルン王ルートヴィヒ2世誕生日（1845年）

ドイツのニューウェーブ

ドイツの人気観光地、ロマンチック街道のノイシュバンシュタイン城を造ったルートヴィヒ2世。城名にある「新しい」という意味のノイ(Neu)にちなんで、バイエルンのニューウェーブ、クルーリパブリックを飲んでみたい。「デトックス」はセッションIPA。爽やかな苦味がありながら、軽いアルコール。夏にぴったり。

醸造所：クルーリパブリック
生産国：ドイツ
原材料：麦芽、ホップ
アルコール度数：3.4%
問い合わせ：KOBATSUトレーディング

デトックス
DETOX

AUG 8

26 ジェームズ・クックが第1回航海に出発（1768年）

家に帰るまでが航海です

キャプテン・クックとして知られるジェームズ・クック。第1回の世界周航に出発したのがこの日。彼は第3回航海で立ち寄ったハワイで殺害されてしまう。「ゴーストシップ」は、シトラによる柑橘系の香りと豊かなモルトの風味が特徴のペールエール。ちなみに、クック亡き後の船は幽霊船にはならず、無事イギリスに帰還している。

醸造所：アドナムス
生産国：イギリス
原材料：麦芽、ホップ
アルコール度数：4.5%
問い合わせ：ウィスク・イー

ゴーストシップ
Ghost Ship

27 宮沢賢治誕生日（1896年）

イーハトーヴの小麦ビール

『銀河鉄道の夜』『雨ニモマケズ』などで知られる岩手県出身の宮沢賢治。同じ岩手県の銀河高原ビールは、宮沢賢治生誕100周年の1996年に創業した。今日はその定番「小麦のビール」を飲んでみたい。スタイルはヴァイツェン。酵母入りの白濁した液体からは、フルーティーでスパイシーな香りが漂う。酸味と甘味のまろやかなバランスが魅力。

醸造所：銀河高原ビール
生産国：日本
原材料：麦芽、小麦麦芽、ホップ
アルコール度数：5%
問い合わせ：銀河高原ビール

小麦のビール
KOMIGI no Beer

AUG 8

28 ワーグナーの『ローエングリン』が ヴァイマル宮廷劇場で初演（1850年）

ヴァイツェンにロースト感が同居

ドイツを代表する作曲家ワーグナーのオペラ『ローエングリン』が初演。重厚感もありながら親しみやすいこの作品は、ヴァイスビアでありながらドゥンケルタイプのこのビールにぴったり。ヴァイスビアの特徴であるバナナ香とほのかな酸味に加え、ロースト麦芽によるチョコレートのような風味が同居。飲みごたえもある。

醸造所：フランツィスカーナー
生産国：ドイツ
原材料：麦芽、小麦麦芽、ホップ
アルコール度数：5%
問い合わせ：ザート・トレーディング

ヴァイスビアドゥンケル
Hefe-Weissbier Dunkel

29

秋田県の記念日

いつまでも飽きない美人

　1871年、廃藩置県で初めて秋田県という呼称が使われたことにちなむ。秋田に限らず雪国では色白の人が多く、美人に見えるのではないかという説もある。コラーゲンを守るポリフェノールを残存させた「秋田美人のビール」はすっきりとした透明感のあるヘレス。美人は3日で飽きるとも言われるが、これは何日でも飲めそう。

醸造所：あくらビール
生産国：日本
原材料：麦芽、ホップ
アルコール度数：5％
問い合わせ：あくらビール

秋田美人のビール
Akita Bijin no Beer

AUG 8

30

ストリートファイターがリリース（1987年）

波動拳の出し方は……。

　対戦型格闘ゲームの代名詞的存在「ストリートファイター」が1987年にリリース。「ハドーケン」は、その必殺技の波動拳にインスピレーションを受けたビール。3種のアメリカンホップの「コンボ」による、トロピカルフルーツのようなアロマが香り、フィニッシュにはしっかりした苦味が感じられる。ラベルに描かれたコマンドにも注目。

醸造所：タイニー・レベル
生産国：イギリス
原材料：麦芽、ホップ
アルコール度数：7.4％
問い合わせ：ジュート

ハドーケン
Hadouken

31

野茂英雄誕生日（1968年）

ビール好きならブルワーズ

ロサンゼルス・ドジャースのイメージが強い野茂英雄だが、1年間だけミルウォーキー・ブルワーズに所属していたことがある。ブルワーズでは通算1000奪三振も記録。そのブルワーズの本拠地はミラーが命名権を持つミラー・パーク。ライトでクリアな味わいのミラーをしっかり冷やし、暑い夏の野球観戦を楽しもう。

醸造所：SABミラー
生産国：アメリカ
原材料：麦芽、ホップ、コーン
アルコール度数：4.7%
問い合わせ：日本ビール

AUG
8

ミラー
Miller

今日は最高！な日に飲みたいビール ②

ウエストフレテレン12
（醸造所：セント・シクステュス修道院）

ベルギーのセント・シクステュス修道院が造るトラピストビール。基本的には修道院でしか購入できない。もし入手できたら、ウエストフレテレンのレシピで造られる「セント・ベルナルデュス・アブト」（P158）の代わりに。または、最高にハッピーなことがあった日のために、しっかり寝かせておくのもいいだろう。

01 埼玉県羽生市が発足（1954年）

『田舎教師』の舞台で造られるビール

7つの自治体が合併して羽生市が発足。埼玉県の北部で、群馬県に接しており、田山花袋の『田舎教師』の舞台となったことでも知られている。市内の農林公園キヤッセ羽生で造られている「こぶし花ビールIPA」を飲んでみよう。イングリッシュスタイルのIPAで、フラワリーなホップアロマと適度に引き締まった苦味が特徴。

醸造所：羽生の里 羽生ブルワリー
生産国：日本
原材料：麦芽、ホップ
アルコール度数：6.5%
問い合わせ：羽生の里 羽生ブルワリー

こぶし花ビール IPA
Kobushi Hana Beer IPA

SEP 9

02 宝くじの日

くじの代わりに高級ビール

1等の当選確率は約1000万分の1と言われるジャンボ宝くじ。1回くらい宝くじに使うお金を高級ビールに使ってみてはどうだろうか。このベルジャンゴールデンストロングエールは、ベルジャン酵母によるフルーティーさとコリアンダーシードのアクセントが魅力。どうせ消えてしまうお金（？）なら、たまにはこんなビールを。

醸造所：エールスミス
生産国：アメリカ
原材料：麦芽、ホップ、コリアンダーシード
アルコール度数：10%
問い合わせ：ジュート

ホーニー・デビル
Horny Devil

03

ドラえもん誕生日（2112年）

オホーツク海のブルーを表現

　もともと黄色だったドラえもんだが、ネズミに耳をかじられた自分の姿を鏡で見たことで真っ青になってしまった（諸説あり）。そんなドラえもん同様、真っ青になってしまったのが「流氷ドラフト」。オホーツク海の流氷を仕込み水に使用している。軽い甘味があり、苦味は控えめ。すっきりとしてドライなフィニッシュ。

醸造所：網走ビール
生産国：日本
原材料：糖化スターチ、麦芽、ナガイモ、ホップ、クチナシ色素
アルコール度数：5%
問い合わせ：網走ビール株式会社

流氷 Draft

Ryuhyo Draft

SEP 9

04

ブリュッセルで
Belgian Beer Weekend 開催

毎日が Belgian Beer Weekend

　毎年9月第1週の金〜日曜日に、ブリュッセルのグランプラスで開催されているBelgian Beer Weekend。ベルギーまではなかなか行けないという人は、「ヒューガルデン・ホワイト」を飲みながらBelgian Beer Weekend気分に。オレンジやリンゴのようなフレーバーとすっきりした酸味。ピエール・セリスが復活させたホワイトビール。

醸造所：アンハイザー・ブッシュ・インベブ
生産国：ベルギー
原材料：麦芽、ホップ、小麦、糖類、コリアンダーシード、オレンジピール
アルコール度数：4.9%
問い合わせ：アサヒビール

ヒューガルデン・ホワイト

Hoegaarden Wit

05 小西酒造がヴェデット・エクストラホワイトを販売開始（2008年）

自分の写真がバックラベルに？

「ヒューガルデン・ホワイト」に代わって小西酒造が販売を始めたベルジャンホワイト。レモンやオレンジを思わせるフレーバーと、すっきりとした口当たりで、まだまだ暑いこの時期に飲むと清々しい気持ちに。自分の写真を撮ってウェブからアップすると、バックラベルに印刷されてお店に並ぶ（かも）というサービスもある。

醸造所：デュベル・モルトガット
生産国：ベルギー
原材料：麦芽、ホップ、小麦、コリアンダー、オレンジピール、糖類
アルコール度数：4.7%
問い合わせ：小西酒造

ヴェデット・エクストラホワイト
Vedett Extra White

SEP 9

06 F1 イタリア GP2015 決勝

F1観戦にフルボディビール

毎年この時期に開催されているF1のイタリアGP。2015年は9月6日が決勝となる。レースが行われるモンツァ・サーキットと同じロンバルディア州のビールを飲みながら、イタリアGP観戦はいかがだろうか。フルボディでまろやかなカラメルの甘味。やわらかなカーボネーションを感じた後に、シトラスやバナナの香りが鼻から抜ける。

醸造所：ビリフィーチョ・イタリアーノ
生産国：イタリア
原材料：麦芽、ホップ
アルコール度数：7%
問い合わせ：The Counter

アンバーショック
Amber Shock

07 エリザベス1世誕生日（1533年）

イギリスを守った国王とビール

　イギリス・テューダー朝最後の国王、エリザベス1世。スペインの無敵艦隊に勝利するなど、黄金時代を築き上げた。今日のビール「スピットファイアー」は、第二次世界大戦でドイツの侵攻からイギリスを守った戦闘機の名前。モルトの甘味がしっかり感じられ、ホップの苦味がやさしく広がる。戦闘機の名前だが、味わいはおだやか。

醸造所：シェパード・ニーム
生産国：イギリス
原材料：麦芽、ホップ、糖類
アルコール度数：4.5%
問い合わせ：小西酒造

スピットファイアー
Spitfire

SEP 9

08 創業90周年「八海醸造グループ」全社大会

日本酒で培った確かな技術

　日本酒でもよく知られた八海山。同社は毎年全社大会を開催しており、90周年の全社大会開催が2012年のこの日。こうやって全社一丸となって品質の向上に努めている八海山のビールを飲んでみたい。「アルト」は、カラメルのような甘味にほんのり酸味も感じられる。香ばしさがあり、ホップの苦味は強くない。じっくりと味わいたいビール。

醸造所：八海山
生産国：日本
原材料：麦芽、ホップ
アルコール度数：5%
問い合わせ：八海山

アルト
Alt

09 カリフォルニア州制施行記念日（1850年）

初ストーンならこのビール

1850年にアメリカ31番目の州として昇格したカリフォルニア州。同州にはビール醸造所が数多くあり、ストーンは州南部のサンディエゴを代表する醸造所のひとつ。まだまだ暑い時期にはセッションIPAのこのビールが最適だろう。低めのアルコール度数だが、桃やシトラスのアロマとホップの苦味が押し寄せる。軽やかでキレのある味わい。

醸造所：ストーン
生産国：アメリカ
原材料：麦芽、ホップ
アルコール度数：4.5%
問い合わせ：ナガノトレーディング

ストーン Go To IPA
Stone Go To IPA

10 小樽市章制定（1901年）

小樽でないと飲めないビール

現在の小樽市章となる区章が制定。当時は小樽区となっており、市制施行は1922年。札幌、函館、旭川、室蘭、釧路とともに市となった。その小樽市でビールを造り、100km圏内でないと発送しないのが小樽ビール。その「ピルスナー」は、甘味が少なくライトなボディ。最初から最後まで爽快な苦味が持続する。

醸造所：小樽ビール銭函醸造所
生産国：日本
原材料：麦芽、ホップ
アルコール度数：5%
問い合わせ：株式会社アレフ 小樽ビール

ピルスナー
Pilsner

SEP 9

11 カール・ツァイス創業者誕生日 (1816年)

ドイツの技術に乾杯

ドイツの光学機器メーカー、カール・ツァイスの創業者であるカール・ツァイス。ドイツ・イエナで設立した同社は、カメラのレンズなどで評価が高い。Jenaが輸入するこのビールは、シェッファーホッファーの「ヴァイツェン」をグレープフルーツジュースで割り、甘酸っぱく爽やかな味わい。この写真も同社のレンズで撮影されたかも？

醸造所：シェッファーホッファー ヴァイツェンビール醸造所
生産国：ドイツ
原材料：大麦麦芽、小麦麦芽、ホップ、グレープフルーツジュース、砂糖、レモンジュース、オレンジジュース、香料
アルコール度数：2.5%
問い合わせ：Jena

グレープフルーツ
Schöfferhofer Grapefruit

SEP 9

12 鳥取県民の日

スタバはなくとも大山Gビールがある

中国地方最高峰の大山がある鳥取県。1881年のこの日に島根県から分離した。2015年5月までスターバックスが出店していない唯一の県だったが、鳥取県には大山Gビールがある。「ヴァイツェン」はバナナの香りにクローブのスパイシーさが加わっている。青リンゴのような酸味があり、苦味は弱めですっきりとした味わい。

醸造所：大山Gビール
生産国：日本
原材料：麦芽、ホップ
アルコール度数：5%
問い合わせ：久米桜麦酒株式会社

ヴァイツェン
Weizen

13 スーパーマリオブラザーズ発売（1985年）

THANK YOU MARIO!

「スーパーマリオブラザーズ」がこの日に発売。横スクロールは当時のゲーム界では革命とも言えるものだった。マリオ同様、今日は我々もピーチを助けださねばならない。助けだしたのは独歩ビール「ピーチピルス」。名産地岡山の桃の果汁を使用しており、桃のフレーバーが口中に広がっていく。甘すぎず、すっきりした後口。

醸造所：独歩ビール
生産国：日本
原材料：麦芽、ホップ、ピーチ果汁、香料
アルコール度数：5%
問い合わせ：宮下酒造

ピーチピルス
Peach Pils

---

14 金閣寺再建（1955年）

金閣には修道院のゴールド

　1950年に金閣寺放火事件で消失した金閣寺が再建。黄金に美しく輝く舎利殿が復活した。この日にはスクールモン修道院で造られる「シメイ・ゴールド」がふさわしい。2013年に発売されたシメイ初のラガータイプ。軽やかでフローラルな香り、桃やナシのフレーバーが感じられる。後味はドライで、喉を潤す1杯目としてもいい。

醸造所：スクールモン修道院
生産国：ベルギー
原材料：麦芽、ホップ、糖類
アルコール度数：5%
問い合わせ：三井食品

SEP 9

シメイゴールド
Chimay Gold

15 老人の日

長く愛されていることに価値がある

　敬老の日が9月15日から9月第3月曜に移ったことにより、2003年からこの日が老人の日となった。人生の先輩であるお年寄りをいたわり、長い歴史を生きてきた現存する日本最古のビールブランド「サッポロラガービール」にも敬意を表したい。すっきりした味わいの中にモルトの旨味が感じられる。今では若い人からの支持も多いビール。

醸造所：サッポロビール
生産国：日本
原材料：麦芽、ホップ、米、コーン、スターチ
アルコール度数：5%
問い合わせ：サッポロビール

サッポロラガービール

Sapporo Lager Beer

SEP 9

16 競馬の日

ホップが軽やかに駆け抜ける

　日本中央競馬会(JRA)が設立された日(1954年)。JRAではサラブレッドによる競走のみで、ポニーの競走はさすがにないが、ポニーはウサイン・ボルト並みのスピードで軽快に走ることができるという。「デッドポニー・ペールエール」もホッピーで低アルコールの軽快な味わい。トロピカルフルーツのフレーバーが口から鼻へと駆け抜ける。

醸造所：ブリュードッグブルワリー
生産国：イギリス
原材料：麦芽、ホップ
アルコール度数：3.8%
問い合わせ：ウィスク・イー

デッドポニー・ペールエール

Dead Pony Pale Ale

17

「明治日本の産業革命遺産 九州・山口と関連地域」を世界遺産に推薦が決定（2013年）

伊豆の偉人を称えて

　銑鉄を溶かして大砲を造っていた反射炉。この日、韮山反射炉がユネスコに推薦されることが決まった。韮山に反射炉を造ることを進言していたのが江川太郎左衛門。となれば、このビールを飲むしかない。落ち着いた苦味で口当たりのよいイングリッシュペールエール。派手な味わいではないが、モルトの旨味をじっくり堪能できる。

醸造所：反射炉ビヤ
生産国：イギリス
原材料：麦芽、ホップ
アルコール度数：5％
問い合わせ：蔵屋鳴沢

太郎左衛門
Tarozaemon

18

誕生花アザミ

満足感ある伝統的スコッチエール

　今日の誕生花はアザミ。スコットランドの国花で、スコッチエールの専用グラスにはアザミの形をしているものもある。今日はラベルにもアザミが描かれている「ジャコバイトエール」を飲んでみよう。ローストされたモルトが香り立つフルボディビール。チョコ、リンゴ、柑橘のフレーバーも感じられる。アザミの花言葉の通り、今日は「満足」。

醸造所：トラクエア
生産国：イギリス
原材料：麦芽、ホップ、コリアンダー
アルコール度数：8％
問い合わせ：廣島

ジャコバイトエール
Jacobite Ale

SEP 9

19 2015年オクトーバーフェスト開幕

ミュンヘンに行かずとも日本で

　ミュンヘンのオクトーバーフェストは、10月の第1日曜日を最終日とする16日間。2015年は9月19日から開催される。オクフェスで出店する醸造所ではないが、今日は同じミュンヘンのこのビールを。カラメルの甘味を感じると、すぐにホップの苦味が現れる。最後はリンゴの香りが鼻から抜け、さわやかさと飲みごたえが同居したビール。

醸造所：エルディンガー
生産国：ドイツ
原材料：小麦麦芽、麦芽、ホップ
アルコール度数：5.7%
問い合わせ：大榮産業

オクトーバーフェストビア
Oktoberfest

SEP 9

20 空の日

日本のためのゼロ戦ビール

　1911年の今日、山田猪三郎が国産飛行船での初飛行に成功。また1940年に制定された航空日も起源となり、1992年から現行の空の日として定着している。飛行船とゼロ戦では趣きが異なるが、日本向けに造られたこのビールを飲んでみたい。ホップはセンテニアル。柑橘の皮の苦味とみずみずしい味わいでついつい進んでしまう。

醸造所：ウィングマン
生産国：アメリカ
原材料：麦芽、ホップ
アルコール度数：6%
問い合わせ：ビア・キャッツ

ゼロ戦シングルホップ IPA
Zero-sen Single Hop IPA

21 敬老の日

最古の醸造所の長寿を祝う

　9月第3日曜日は敬老の日。国民の祝日に関する法律によると「社会につくしてきた老人を敬愛し、長寿を祝う」ということで、現存する最古の醸造所ヴァイエンステファンを敬いながら飲んでみたい。豊かな泡とともに立ち上るバナナ香は、まさに正統派ヴァイツェン。まろやかな口当たりと甘味と酸味のハーモニーは、古さを感じない。

醸造所：ヴァイエンステファン
生産国：ドイツ
原材料：麦芽、小麦麦芽、ホップ
アルコール度数：5.4%
問い合わせ：日本ビール

ヘフヴァイス
Hefe Weissbier

22 誕生花リコリス

ビールが飲める快楽

　今日の誕生花はリコリス。ヒガンバナ科の花で甘い香りが特徴。花言葉は「快楽」だという。では、今日はリコリスを使った「セゾン1858」で快楽に浸るとしよう。デュボックが1858年に創業したことを記念したビールで、しっかりとホップの苦味が感じられる。コリアンダー、オレンジピールも使用しており、さわやかな味わい。

醸造所：デュボック
生産国：ベルギー
原材料：麦芽、ホップ、小麦、コリアンダー、オレンジピール、リコリス、糖類
アルコール度数：6.4%
問い合わせ：小西酒造

セゾン 1858
Saison 1858

23

蔵前国技館閉館（1984年）

東京の黒は華やかな香り

　台東区蔵前にあった蔵前国技館。1984年の大相撲秋場所終了と同時に閉館となった。今日のビールは、缶には相撲取りが描かれ、蔵前国技館の電気が消えたかのように真っ黒な「東京ブラック」。スタイルはポーターだが、ホップの華やかな香りも感じられる。苦味と甘味もバランスよく、初めてのポーターとしてもおすすめしたい。

醸造所：ヤッホーブルーイング
生産国：日本
原材料：麦芽、ホップ
アルコール度数：5%
問い合わせ：ヤッホーブルーイング

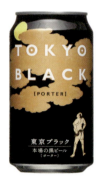

東京ブラック
Tokyo Black

SEP 9

24

グレート・アメリカン・ビアフェスティバル（GABF）2015 開催日

そろそろハイアルコールの季節

　GABFは毎年デンバーで開催されるアメリカ醸造者協会主催のビアフェスティバル。2013年、そのデンバーに新しい醸造設備をオープンさせたエピック・ブルーイングのストロングエールは、スモークしたカラメルモルトをベルジャン酵母で発酵、ウィスキー樽で熟成させたもの。ハイアルコールなので、秋の気配を感じる頃に。

醸造所：エピック・ブルーイング
生産国：アメリカ
原材料：麦芽、ホップ
アルコール度数：10.5%
問い合わせ：AQ ベボリューション

スモーク＆オーク・ベルジャンストロングエール
Smoked and Oaked

25 日本中央競馬会が初開催（1954年）

ビールと競馬のペアリング

　日本中央競馬会（JRA）として、初めて東京・京都で競馬が開催されたのがこの日。オクトーバーフェストの起源でもあるバイエルン王国皇太子の結婚式でも競馬が開催されており、意外につながりがあるビールと競馬。3月に仕込んで熟成させた「オクトーバーフェストビア」の、モルトの香りと甘味をたっぷりと味わいたい。

醸造所：パウラーナー
生産国：ドイツ
原材料：麦芽、ホップ
アルコール度数：6%
問い合わせ：アイコン・ユーロパブ

**パウラーナー
オクトーバーフェストビア**

Paulaner Oktoberfest bier

---

26 アントン・ウィッキー誕生日（1940年）

May I have your name, please?

　平日の朝、テレビから聞こえてくる"My name is Wicky."という声。子どもの頃、そのウィッキーさんがスリランカ人と知ったときは、ちょっとした驚きでもあった。それがスリランカとの初めての接点だったが、今はこのビールでいつでもスリランカを感じられる。適度な麦の旨味があり、苦味は強くない。すっきりと飲めるラガー。

醸造所：ライオンブリュワリー
生産国：スリランカ
原材料：麦芽、ホップ
アルコール度数：4.8%
問い合わせ：池光エンタープライズ

ライオン・ラガー

Lion Lager

SEP 9

27 中秋

中秋の名月は消えるのか？

　2015年はこの日が中秋の名月。旧暦8月15日に当たる日で、いわゆる十五夜と呼ばれている月のこと。今日飲みたいのは、「月を消す人」という意味のこのビール。ベルギーの首都ブリュッセルとは無関係。ホップの苦味がややきいているが、コリアンダーとオレンジのフレーバーも感じられる。名月が消えてしまったらごめんなさい。

醸造所：ヘットアンケル
生産国：ベルギー
原材料：麦芽、ホップ、小麦麦芽、コリアンダー、オレンジピール、糖類
アルコール度数：6.5%
問い合わせ：小西酒造

マーネブリュッセル
Maneblusser

SEP 9

28 相模線開業（1921年）

相模線より歴史ある酒蔵のビール

　相模線（当時は相模鉄道）の茅ヶ崎〜寒川間が開業。後に橋本まで延伸する。茅ヶ崎市の湘南ビールは、寒川からひとつ茅ヶ崎寄りの香川が最寄り駅。秋の気配を感じ始めるこの時期は「シュバルツ」を。コーヒーのようなアロマが立ち、ローストのほろ苦さとモルトの甘味のバランスが心地よい。後味のキレがよく、すっきりした味わい。

醸造所：熊澤酒造
生産国：日本
原材料：麦芽、ホップ
アルコール度数：5%
問い合わせ：熊澤酒造

シュバルツ
Schwarz

29 日中共同声明に調印（1972年）

青島啤酒非常好喝！

　1972年、首相に就任した田中角栄は、大平外務大臣とともに訪中し日中共同声明に調印。この日、日本と中国の国交が正常化された。中国のビールとして多くの人が思い浮かべる「青島ビール」で乾杯したい。ホップとモルトがほどよく感じられ、全体的に軽やかな味わいのピルスナー。おいしい中華料理とともにぜひ。干杯！

醸造所：青島啤酒
生産国：中国
原材料：麦芽、ホップ、米
アルコール度数：4.5%
問い合わせ：池光エンタープライズ

青島ビール
Tsingtao Beer

SEP
9

30 信越本線横川～軽井沢間廃止（1997年）

収益が寄付され軽井沢を守るビール

　翌日からの新幹線開業によって、この日限りで廃止された信越本線横川～軽井沢間。軽井沢周辺でしか購入できないこのビールを飲むには、東京方面からは新幹線に乗って行くことになる。モルトの甘味と小麦の酸味が洋ナシのようなフレーバーとなり、軽めの苦味が余韻として残る。ぜひ新幹線で軽井沢へ。

醸造所：ヤッホーブルーイング
生産国：日本
原材料：麦芽、小麦麦芽、ホップ
アルコール度数：5%
問い合わせ：ヤッホーブルーイング

**軽井沢高原ビール
ワイルドフォレスト**
Wild Forest

コースターの世界

たかがコースター、されどコースター。たった1枚のコースターでも、それがあるだけで気分が盛り上がる。家飲みでも、ぜひ、お気に入りのコースターを使ってみよう。

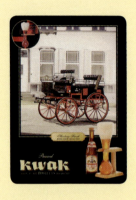

パウエルクワック (P161)
木枠の付いたフラスコ型グラスを馬車に取り付けた絵が描かれている。裏面はハガキとして使える。

ヒューガルデン・ホワイト (P140)
手の温度がビールに伝わりにくい専用グラスと同じように、コースターも六角形。

ブルームーン (P168)
「ビール造りはアート」という信念を表すような、アーティスティックなイラスト。

サンフーヤン (P83, P100, P127 P201)
イベントにて、サンフーヤンのドミニク・フリアー社長にサインしてもらったもの。使ってこそのコースターだが、これは使わずに取っておきたい。

**OCT
10**

**NOV
11**

**DEC
12**

01

スルガベイインペリアル IPA
Suruga Bay Imperial IPA

デザインの日

OCT 10

醸造所：ベアード・ブルーイング
生産国：日本
原材料：麦芽、麦、ホップ、糖類
アルコール度数：8.5%
問い合わせ：ベアード・ブルーイング

ホップの魅力が弾け飛ぶ

　版画風のラベルデザインが印象的なベアードビール。このビールの味はホップの花火大会だということから、駿河湾に打ち上がるホップが花火のように描かれている。飲んでみると、2度のドライホッピングによる柑橘系の香りと、オレンジのボディから発するシャープな苦味が印象的。口の中がキリッと引き締まる。アルコール度数ほどの重さはなく、明るく飲めるビール。花火のシーズンは終わったが、今日は口の中でホップの花火を打ち上げよう。

02 守護天使の日

日々ビールに救われる

　守護天使の日はカトリックの祝日。守護天使は一人ひとりに付いているそうで、さらに救世主という意味の「サルバトール」を飲めば、なんだか救われた感じになるのでは。もともと断食中の修道士が栄養を摂るために醸造されたもので、アルコール度数は高めのダブルボック。モルトの甘味と力強さが感じられる。

醸造所：パウラーナー
生産国：ドイツ
原材料：麦芽、ホップ
アルコール度数：8%
問い合わせ：アイコン・ユーロパブ

パウラーナー　サルバトール
Paulaner Salvator

---

30 ドイツ建国記念日 (1990年)

再びドイツのオリジナルに

　「ドイツ統一の日」とも。東西に分かれていたドイツが統一された日で、法的には西ドイツに東ドイツが編入されたという形になっている。ドイツが再びひとつになったということで、「ホフブロイ オリジナルラガー」で祝いたい。ホップのフラワリーなアロマで軽やかな味わい。すぐれたドリンカビリティで、いつまでも飲んでしまいそう。

醸造所：ホフブロイ・ミュンヘン
生産国：ドイツ
原材料：麦芽、ホップ
アルコール度数：5.1%
問い合わせ：アイエムエーエンタープライズ

ホフブロイ　オリジナルラガー
Hofbräu Original

OCT 10

04 ランジェルス
L'ANGELUS

ジャン＝フランソワ・ミレー誕生日
（1814年）

OCT
10

醸造所：ブラッスリー・ルパース
生産国：フランス
原材料：麦芽、小麦、ホップ、
　　　　オレンジピール、コリアンダー
アルコール度数：7％
問い合わせ：F.B.Japan

農村の気品が表れるビール

　ミレーはフランスのバルビゾンに住み、農村の風景や人々を描いた画家。『晩鐘』や『落穂拾い』が代表作として知られており、見たことがある人も多いだろう。ブラッスリー・ルパースの「ランジェルス」は、その『晩鐘(L'Angelus)』がラベルに描かれている。ミレーがイメージした農村の夕暮れを表したような黄金色に、柑橘のフルーティーなアロマとコリアンダーのスパイシーさ。名画を鑑賞しながらじっくりと味わいたい。

05

ピルスナーウルケルが初めて
生産された日(1842年)

元祖は偉大なり

　1842年のこの日、ピルスナーの元祖である「ピルスナーウルケル」がチェコのピルゼンで初めて生産された。この頃ガラス製の透明なグラスが普及しはじめたこともあり、その液色の美しさで大人気に。トリプルデコクションによる糖化方法で、麦芽の旨味と香ばしさを最大限に引き出している。心地よいホップの苦味もあり、何杯も飲んでしまう。

醸造所：ピルスナーウルケル
生産国：チェコ
原材料：麦芽、ホップ
アルコール度数：4.4%
問い合わせ：日本ビール

ピルスナーウルケル
Pilsner Urquell

06

イタリア王国がローマ教皇領を併合
(1870年)

イタリアのアメリカン

　ローマ教皇領に駐留していたフランス軍が撤退し、イタリア軍が教皇領を併合。後にフィレンツェからローマに遷都することになる。そのローマにも近いボルゴローゼにあるビッラ・デル・ボルゴ。「レアーレ」はアメリカンペールエールで、シトラスの中にスパイスを感じる香り。ローストフレーバーの後は、口の中を引き締める苦味が現れる。

醸造所：ビッラ・デル・ボルゴ
生産国：イタリア
原材料：麦芽、ホップ
アルコール度数：6.4%
問い合わせ：ホブゴブリンジャパン

レアーレ
ReAle

OCT 10

07 南木曽町が「日本で最も美しい村」連合に加盟（2008年）

「美しい村」には美しいビール

「日本で最も美しい村」連合に南木曽町が加盟。同連合は、最も美しい村としての自立を目指す運動を行っている。南木曽町の美しいビールといえば木曽路ビール。アメリカ産とニュージーランド産ホップを使ったフレッシュな香り。口の中でキリリと感じる苦味がフィニッシュまで持続し、キレのよい味わいに。ドリンカブルなラガー。

醸造所：木曽路ビール
生産国：日本
原材料：麦芽、ホップ
アルコール度数：5%
問い合わせ：ホテル木曽路

キソジプレミアムラガー
Kisoji Premium Lager

OCT 10

08 羊羹の日

羊羹に負けないボディ

「いと(10) おいしいよう(8) かん」というなかなか厳しい語呂合わせで決まった羊羹の日。こんな日は羊羹にも合いそうなビールを。あのウェストフレテレン(P136)のレシピによって造られる「セント・ベルナルデュス・アブト」。ドライプルーンのような濃厚ボディに、バナナのようなフレーバーも。フィニッシュはスパイシー。

醸造所：セント・ベルナルデュス醸造所
生産国：ベルギー
原材料：麦芽、糖類、ホップ
アルコール度数：10%
問い合わせ：M's Kitchen

セント・ベルナルデュス・アブト
St. Bernardus Abt12

09 道具の日

フラスコのようなグラスに注目！

かっぱ橋道具街が制定。道具街を歩くと面白い道具類を見つけることができるが、「パウエルクワック」のグラスも負けてはいない。馬車の御者席にも取り付けられるようにした木枠にフラスコ型のグラス（P154参照）。これにビールを注げば、軽いカラメルとスパイシーな香りが漂ってくる。モルトの甘味も感じられるボディと苦味。

醸造所：ボステール
生産国：ベルギー
原材料：麦芽、ホップ、糖類
アルコール度数：8.4%
問い合わせ：廣島

パウエルクワック
Pauwel Kwak

---

10 銭湯の日、他

ゾロ目にはゾロ目で

何かと記念日を設定しやすいゾロ目の日。どうせならアルコール度数10%の「マルール10」で、この日は10ばかりに。モルトの甘味に、レモンやグレープフルーツのような香りも探し出せる。ドライな印象もあり、度数ほどではないがアルコール感はしっかり。ワールド・ビア・アワードで、「ワールド・ベスト・ブロンド賞」を受賞している。

醸造所：ランツヘール醸造所
生産国：ベルギー
原材料：麦芽、ホップ
アルコール度数：10%
問い合わせ：きんき

マルール 10
Malheur10

11

シャルル・ミシェルが戦後最年少で
ベルギー首相に就任（2014 年）

ホールホップのさわやかさ

　2014年の選挙後、シャルル・ミシェルは自身が党首を務める「改革運動」を含む4党の連立政権を発足。38歳の若さで首相となった。若さにはさわやかさが求められたりもするものだが、ベルギーの「タラス・ブルバ」もホップのアロマがさわやかなビール。しっかりした苦味も魅力だ。名前はゴーゴリの小説『隊長ブーリバ』より。

醸造所：デ・ラ・セーヌ醸造所
生産国：ベルギー
原材料：麦芽、ホップ、糖類
アルコール度数：4.5%
問い合わせ：M's Kitchen

タラス・ブルバ
Taras Boulba

12

OCT 10

第 1 回オクトーバーフェスト（1810 年）

オクトーバーフェストを自宅で

　バイエルン王ルートヴィヒ1世（当時は皇太子）の結婚式が、1810年のこの日に行われ、祭りや競馬が開催された。いわゆるミュンヘンのオクトーバーフェストはこれが第1回とされる。そのオクトーバーフェストのために造られるビール。しっかりとしたモルトのカラメル感があり、秋のこの時期にぴったりのボディ。自宅でフェス気分もアリだ。

醸造所：シュパーテン
生産国：ドイツ
原材料：麦芽、ホップ
アルコール度数：5.9%
問い合わせ：ザート・トレーディング

オクトーバーフェストビア
Oktoberfestbier

13

サツマイモの日

COEDO 紅赤 -Beniaka-
COEDO Beniaka

醸造所：コエドブルワリー
生産国：日本
原材料：麦芽、サツマイモ、ホップ
アルコール度数：7%
問い合わせ：コエドブルワリー

OCT 10

川越は江戸から十三里

　江戸時代には「栗よりうまい十三里（九里＋四里）」というコピーから、「十三里」とも言われたサツマイモ。旬でもあるこの日にふさわしいサツマイモを使ったビールといえば「COEDO紅赤-Beniaka-」。川越の名産であるサツマイモを焼き加工して原料に使用、エールのフルーティーさと香ばしさ、サツマイモの甘味を感じる味わいに仕上げている。なお、2006年のこの日は新生COEDOブランドが誕生した日でもある。

14

ジム・ハインズが陸上男子100mで初めて10秒の壁を破る（1968年）

飲むスピードは控えめに

　メキシコオリンピックの陸上男子100m決勝で、アメリカのジム・ハインズが世界で初めて10秒を切る（9秒9）。当時最速の男を「スピードウェイ・スタウト」で祝おう。サンディエゴのコーヒー業者「ライアン・ブラザーズ」のコーヒー豆を原料に使用。ローストの香ばしさに上品なコーヒーの風味が加わっている。ビールは急がずゆっくりと。

醸造所：エールスミス
生産国：アメリカ
原材料：麦芽、ホップ
アルコール度数：12%
問い合わせ：ジュート

スピードウェイ・スタウト
Speedway Stout

OCT 10

15

ケルン大聖堂完成式典（1880年）

完成日も式典もケルシュで

　ケルン大聖堂が完成したのが1880年8月14日（P129）。それから約2カ月後の今日、完成式典が開催された。ケルンの醸造所ガッフェルは、大聖堂の再建に着工した約20年後の1302年に創業。ガッフェルの「ケルシュ」は甘味が控えめで、炭酸とホップの苦味が同時に舌を刺激する。すっきりとキレのいい味わい。

醸造所：ガッフェル
生産国：ドイツ
原材料：麦芽、ホップ
アルコール度数：4.8%
問い合わせ：大榮産業

ケルシュ
Kölsch

16

マリー・アントワネットが
ギロチンで処刑（1793年）

さわやかさもある断頭台

　フランス革命200周年を祝って造られた「ギロチン」。穏やかではない名前だが、飲む理由付けをするのであれば、フランス革命でマリー・アントワネットが処刑されたこの日だろう。そのイメージとは裏腹に、リンゴや柑橘の香りがさわやかな印象。一口飲むとアルコールを感じるが、全体的に口当たりのよい味わい。

醸造所：ヒューグ
生産国：ベルギー
原材料：麦芽、ホップ、小麦、糖類
アルコール度数：8.5％
問い合わせ：廣島

ギロチン
La Guillotine

17

ロンドンビール洪水（1814年）

最後の1滴までしっかり飲む！

　ビールを浴びるほど飲みたい！　と思っていても、実際にそうなると恐ろしいもの。実際にロンドンの醸造所でビール樽が爆発し、隣家が壊れるほどのビールが流出してしまったのが1814年のこの日。流されてしまったビールを思いながら、最後の1滴まで味わいたい。「ロンドンポーター」はほろ苦いフレーバーとなめらかな口当たり。

醸造所：フラーズ
生産国：イギリス
原材料：麦芽、ホップ
アルコール度数：5.5％
問い合わせ：アイコン・ユーロパブ

ロンドンポーター
London Porter

OCT 10

18 冷凍食品の日

アイスボックで体が温まる

　冷凍（10）の語呂合わせと、冷凍食品の管理温度マイナス18度以下にちなんで制定。また、1867年にはアラスカがアメリカ領となり、冷えたものには縁がある日のようだ。となれば、飲むのはアイスボック。凍らせてアルコール度数を高めたもので、濃厚なフルボディ。バナナ香やナッツの風味もあり、締めの1杯としてもおすすめしたい。

醸造所：シュナイダー・ヴァイセ
生産国：ドイツ
原材料：麦芽、小麦麦芽、ホップ
アルコール度数：12％
問い合わせ：昭和貿易

アヴェンティヌス アイスボック
Aventinus Eisbock

---

19 海外旅行の日

秋の夜長にエア・ビアライゼ

　「遠(10)くへ行く(19)」という語呂合わせの海外旅行の日。どうせなら、日本から最も遠い南米のビールを飲んでみたい。だんだん寒くなってくるこの時期にはソット「ネグラ・スタウト」。チョコレートやコーヒーのアロマが漂い、ローストされた大麦の香ばしさが口に広がる。秋の夜長に旅行の計画でも立てながら……。

醸造所：ソット
生産国：チリ
原材料：麦芽、ホップ、大麦
アルコール度数：5〜6％
問い合わせ：モトックス

ネグラスタウト
Negra Stout

20 えびす講

留守番は黒ビールでゆっくりと

　神無月に出雲へ行かず、地元の留守を守るえびす様。そのえびす様を祀るお祭りをえびす講といい、全国のえびす神社などで行われている。となると飲むのはヱビス。中でも、秋の夜にゆっくり楽しみたいこのビールを。口に含むと、プレミアムロースト麦芽の香ばしさ、コーヒーのようなフレーバーが現れる。最後にはまろやかな味わいに。

醸造所：サッポロビール
生産国：日本
原材料：麦芽、ホップ
アルコール度数：5％
問い合わせ：サッポロビール

ヱビス プレミアム ブラック
YEBISU PREMIUM BLACK

---

21 江戸川乱歩誕生日（1894年）

三重が生んだ異才とビール

　『怪人二十面相』などの推理小説で知られる江戸川乱歩の誕生日。三重県出身の彼の本を読みながらゆっくり飲むには「ブラウンエール」が最適。軽いローストフレーバーとカラメルの甘味がホップのさわやかさと交じり合い、奥行きのある味わいを造り出している。味わいの複雑さとともに落ち着きもあり、推理も冴えるはず。

醸造所：伊勢角屋麦酒
生産国：日本
原材料：麦芽、ホップ
アルコール度数：5％
問い合わせ：二軒茶屋餅角屋本店

ブラウンエール
Brown Ale

22

巨人セリーグ9連覇、ヤクルトスワローズ初の日本一、衣笠祥雄引退、イチロー誕生日

野球の話題が多くなるこの時期に

　プロ野球のシーズンももうすぐ終了。コロラド・ロッキーズの本拠地クアーズ・フィールドの地下からその醸造が始まった「ブルームーン」を飲みながら、今シーズンを振り返ってみてはどうだろうか。クリーミーでスムーズな口当たり。オレンジを添えてフレッシュな味わいに。応援するチームの成績に関わらず、ビールはいつもおいしい。

醸造所：ブルームーン
生産国：アメリカ
原材料：麦芽、ホップ、小麦、オーツ麦、コリアンダーシード、オレンジピール
アルコール度数：5.5%
問い合わせ：モルソン・クアーズ・ジャパン

ブルームーン
Blue Moon

23

チュラロンコン大王記念日

タイ王室に認められたラガー

　現在でもタイで人気のあるチュラロンコン大王（ラーマ5世）の命日。現在のプミポン国王（ラーマ9世）は孫にあたる。「シンハービール」には、そのタイ王室から授与されたガルーダがボトルネックラベルに描かれている。ラベルには伝統的なタイの獅子。開栓するとさわやかなホップの香りが漂う。モルトの旨味もしっかり。

メーカー：シンハーコーポレーション
生産国：タイ
原材料：麦芽、ホップ、糖類
アルコール度数：5%
問い合わせ：池光エンタープライズ

シンハービール
Singha Beer

24

三色旗がフランス海軍旗として制定（1790年）

ビールのうまさは平等

　自由・平等・博愛を表す三色旗は、フランス海軍旗として制定、後にフランス国旗となった。フランスの伝統的スタイル、ビエール・ド・ギャルドの代表的銘柄「ジャンラン・アンバー」は、オレンジのアロマとボディに寄り添う苦味が魅力。ちなみに、フランス国旗の色はきれいな3等分ではないのだが、ビールのうまさは誰にでも平等だ。

醸造所：ブラッスリー・デュイック
生産国：フランス
原材料：麦芽、ホップ、糖類
アルコール度数：7.5%
問い合わせ：F.B.Japan

ジャンラン・アンバー
Jenlain Ambree

25

バスクの日

バスクの原料を使ったレッドエール

　ゲルニカ憲章が承認され、スペイン北部のバスクが自治州となったのが1979年のこの日。これを記念してバスクの日とした。今日飲んでみたいのは、バスクの原料を使ったバスクのクラフトビール。モルトの甘い香りに加え、チェリーのようなアロマ。甘味と酸味の絶妙なバランスを感じた後は、しっかりとした苦味が現れる。

醸造所：エウスカルガラガルドーア
生産国：スペイン
原材料：麦芽、ホップ
アルコール度数：4.6%
問い合わせ：池光エンタープライズ

OCT 10

パゴア ゴリア・レッドエール
Pagoa Gorria Redale

26 オーストリアが永世中立を宣言（1955年）

オーガニックなアンバーエール

　第二次世界大戦後、連合国に占領されていたオーストリアは1955年に独立し、この日に永世中立国を宣言。現在はオーストリアの祝日となっている。そんな日には国名が付けられたアンバーエールを。グラスから漂う香りはダージリンやシトラス。アンバーな見た目よりも軽い印象があり、苦味がほどよく感じられる。

醸造所：グスヴェルク
生産国：オーストリア
原材料：麦芽、ホップ
アルコール度数：5.6%
問い合わせ：グローバルグロサリー

**オーストリアン
アンバーエール**

Austrian Amber Ale

OCT 10

27 アナハイム・エンゼルスが ワールドシリーズ制覇（2002年）

次の優勝はいつなのか？

　球団創立以来初めてのワールドシリーズ優勝を果たしたエンゼルス。松井秀喜も在籍していたのだが、日本での知名度はいまひとつ。ブルーリーがある都市の球団と覚えてほしい。「セゾンルー」はボトルコンディションのベルジャンセゾン。リンゴのフレーバーに飲みごたえあるボディ。次に優勝するときまで寝かせるのもアリだ。

醸造所：ブルーリー
生産国：アメリカ
原材料：麦芽、ホップ、糖類
アルコール度数：8.5%
問い合わせ：ナガノトレーディング

セゾンルー

Saison Rue

28 チェコ共和国独立記念日

チェコの正統派ピルスナー

　1993年1月1日にスロバキアと分離したチェコ共和国だが、独立記念日はチェコスロバキア共和国が1918年にオーストリア・ハンガリー帝国から独立した日としている。チェコといえばピルスナー。世界各国で飲まれている「ブドバー」は、しっかりしたボディを感じながらも、ザーツホップの華やかな香りが漂う。

醸造所：ブドバー
生産国：チェコ
原材料：麦芽、ホップ
アルコール度数：5%
問い合わせ：アイコン・ユーロパブ

ブドバー
Budvar

---

29 高畑勲誕生日（1935年）

アニメとは違うリアルなネロ

　『火垂るの墓』などで知られる演出家、監督の高畑勲。テレビアニメ『フランダースの犬』にも携わっており、今日飲むビールは『フランダースの犬』の主人公の名前が付いた「ネロズブロンド」しか考えられない。美しく白い泡からは、プルーンを思わせる香り。ほのかな苦味を携えて、熟したフルーツの甘味が全体をまとめている。

醸造所：デ・アレンド
生産国：ベルギー
原材料：麦芽、ホップ
アルコール度数：7%
問い合わせ：池光エンタープライズ

ネロズブロンド
Nello's Blond

30 香りの記念日

さわやかで上品なホップ香

「世界香りのフェアIN能登」が開催された石川県七尾市が制定。ビールの香りといえばホップ。ベルギーのホップ名産地ポペリンヘ産のブルワーズゴールドなど3種のホップを使用したこのビールはいかがだろうか。緑を感じさせるホップのほどよい香り。口にした瞬間よりも、後味にホップの苦味がじんわりとやってくる。ホップの魅力たっぷり。

醸造所：ファン・エーケ醸造所
生産国：ベルギー
原材料：麦芽、ホップ
アルコール度数：7.5%
問い合わせ：きんき

ポペリンフス・ホメルビール
Poperings Hommelbier

---

31 米穀年度最終日
OCT 10

新潟産コシヒカリの甘味

年度といえば4月から3月だが、米穀取引の年度は11月から10月。つまりこの日は年度最終日。もし冷蔵庫にこのビールが入っていたら、今日のうちに飲んでしまおう。原料には新潟産コシヒカリを使用。すっきりした飲み口の後には、コメの風味が感じられる。稲穂を思わせる香りが鼻から抜け、また次の一口へと誘われる。

醸造所：エチゴビール
生産国：日本
原材料：麦芽、小麦麦芽、ホップ、米
アルコール度数：5%
問い合わせ：エチゴビール

こしひかり越後ビール
Koshihikari Echigo Beer

01 ザ・プレミアム・モルツ マスターズドリーム
The Premium Malt's Master's Dream

佐治敬三誕生日(1919年)

醸造所：サントリービール
生産国：日本
原材料：麦芽、ホップ
アルコール度数：5%
問い合わせ：サントリービール

NOV 11

ただうまさだけを追い求めた挑戦

　元サントリー会長の佐治敬三氏。サントリーはビール事業から一度撤退したものの、1963年に再度参入。2008年になって、やっとビール事業が黒字化した。それでも参入後50年以上に渡ってビールを造り続け、「心が震えるほどにうまいビールをつくりたい」という醸造家たちの夢を表現したのがこのビール。ダイヤモンド麦芽による旨味、ホップのまろやかな苦味などが幾重にも重なって押し寄せる。佐治氏もこんなビールを夢見ていたに違いない。

02 死者の日

死者の日には楽しいビールを

　11月1日と2日は、メキシコ風お盆ともいえる「死者の日」。決して悲しいものではなく、カラフルな仮装をして明るく楽しむお祭りとなっている。その名前を冠したデイ・オブ・ザ・デッド「ヘーフェヴァイツェン」は、ヴァイツェン特有のバナナ香に洋ナシのようなニュアンスも。すっきりまとまった軽やかな味わい。

醸造所：Cerveceria Mexicana
生産国：メキシコ
原材料：麦芽、小麦、ホップ
アルコール度数：5.5%
問い合わせ：リードオフジャパン

ヘーフェヴァイツェン
Hefeweizen

---

03 晴れの特異日

NOV 11

小春日和にドライな味わい

　秋から冬にかけての穏やかな暖かい日のことをインディアンサマー（小春日和）と言うが、今日のような晴れる確率の高い日もそうなるかもしれない。夏を越えてインディアンサマーの頃まで楽しめるようにと、ホップを多く使用したこのビールを楽しもう。酵母とホップ由来のフルーティーな香り。ホップの苦味がさわやかなフィニッシュ。

醸造所：玉村本店
生産国：日本
原材料：麦芽、ホップ
アルコール度数：7%
問い合わせ：玉村本店

Indian Summer Saison
Indian Summer Saison

04

キャタピラージャパン設立（1963年）

毛虫と少女の関係は……？

　キャタピラーとは英語で毛虫のことだが、聞いて思い出すのは1963年創立のキャタピラージャパンの「CAT」のロゴ。重厚なブルドーザが頭に浮かぶが、「キャタピラー ペールエール」のボトルに描かれているのは毛虫と少女。デンマークの「Beer Here」とのコラボレーションで、ミディアムボディに華やかなフルーティーさがあるペールエール。

醸造所：ブリューフィスト
生産国：イタリア
原材料：麦芽、ホップ
アルコール度数：5.8%
問い合わせ：ウィスク・イー

キャタピラー ペールエール
Caterpillar Pale Ale

05

鳥井駒吉が大阪麦酒初代社長に就任（1889年）

これぞジャパニーズスタウト

　鳥居駒吉がアサヒビールのルーツと言える大阪麦酒株式会社を創業。後に他2社と合併して大日本麦酒株式会社となり、さらに分割・商号変更を経て、現在のアサヒビール株式会社となる。「アサヒスタウト」は大日本麦酒株式会社時代の1935年から造られている伝統あるスタウト。カカオ、チョコのフレーバーが広がり、クリーミーな口当たり。

醸造所：アサヒビール
生産国：日本
原材料：麦芽、ホップ、糖類
アルコール度数：8%
問い合わせ：アサヒビール

アサヒスタウト
Asahi Stout

NOV 11

06 アメリカ大統領選挙でリンカーンが当選（1860年）

オレゴンのすっきりペールエール

エイブラハム・リンカーンが1860年の大統領選挙で当選。ここから南北戦争へとつながっていく。いまやビール醸造所が数多く存在するオレゴン州は、リンカーンが獲得した北部の州のひとつ。「ワージーペールエール」は、トロピカルフルーツを思わせる甘い香りがありつつも、爽快なフィニッシュ。全体的にすっきりとした味わい。

醸造所：ワージーブルーイング
生産国：アメリカ
原材料：麦芽、ホップ
アルコール度数：6.5%
問い合わせ：えぞ麦酒

ワージーペールエール
Worthy Pale Ale

---

07 鍋と燗の日

NOV 11

寒い夜にはビールも燗で

いい鍋の語呂合わせ。日本には熱燗、ヨーロッパにはホットビールという文化がある。そのためのビールがこの「グリュークリーク」。飲み頃温度は45〜60度で、温めることによってシナモンやクローブなどのスパイス感が現れる。甘さは控えめで軽い酸味があり、飲み飽きない。寒い日に体を温めるビールを一度試してほしい。

醸造所：リーフマンス
生産国：ベルギー
原材料：麦芽、さくらんぼ、ホップ、アニス、シナモン、クローブ、甘味料
アルコール度数：6.5%
問い合わせ：小西酒造

リーフマンス・グリュークリーク
Liefmans Glühkriek

08 インターナショナル・スタウト・デー

世界中でスタウト三昧

　毎年11月第1木曜日はインターナショナル・スタウト・デー。世界中でスタウトを飲んで楽しみましょう！　という日。アイリッシュスタウトもいいが、今日は趣向を変えてベルギーのスタウトはいかがだろうか。酸味の後にゆっくりと感じる甘味、ローストとホップの苦味、そしてベルジャン酵母の風味も楽しい味わい。

醸造所：デ・ドレ醸造所
生産国：ベルギー
原材料：麦芽、糖類、ホップ
アルコール度数：9%
問い合わせ：M's Kitchen

スペシャル・エクストラ・エクスポート・スタウト

Special Extra Export Stout

---

09 太陽暦採用（1872年）

太陽の恵みと暦

　旧暦明治5年11月9日、明治政府が太陽暦を採用することを決定。旧暦12月2日が大晦日となり、その翌日が新暦元旦となった。今日は、太陽の恵みで育った有機栽培モルトとホップを使用したこのビールを飲むことにしよう。鼻の奥で感じる青リンゴのようなフレーバー、余韻のシャープな苦味。太陽を思わせるクリアな液色が美しい。

醸造所：ヤッホーブルーイング
生産国：日本
原材料：麦芽、ホップ
アルコール度数：5%
問い合わせ：ヤッホーブルーイング

NOV 11

サンサンオーガニックビール

Sun Sun Organic Beer

10 第1回アジアシリーズ開幕（2005年）

アジアチャンプ付近の世界チャンプ

　日本、台湾、韓国、中国のプロ野球優勝チームが争い、アジアチャンピオンを決める第1回大会。優勝は千葉ロッテマリーンズで、その本拠地QVCマリンフィールドから電車で1本、舞浜の「イクスピアリ」内にある醸造所がハーヴェスト・ムーン。ローストモルトの香ばしさが特徴の「シュバルツ」は、甘味やホップの苦味が抑えられ口当たりもよい。

醸造所：ハーヴェスト・ムーン
生産国：日本
原材料：麦芽、ホップ
アルコール度数：4.5%
問い合わせ：イクスピアリ

シュヴァルツ
Schwarz

---

11 第一次世界大戦休戦記念日
（ベルギーほか）

NOV 11

ビールを飲むのも休み休み

　1918年の今日、連合国とドイツの間で、第一次世界大戦の休戦協定が結ばれた。ベルギーでは休戦記念日としており、他のヨーロッパ諸国でも同様の記念日としていることが多い。フルボディのこのビールを飲んで、ゆっくりと平和な時間をかみしめたい。まろやかな口当たりだが、後にピリッとしたスパイス、アルコール感がある。

醸造所：ヘットアンケル
生産国：ベルギー
原材料：麦芽、ホップ、糖類
アルコール度数：8.5%
問い合わせ：小西酒造

グーデン・カロルス・クラシック
Gouden Carolus Classic

12

サンディエゴが現在の都市名となる
（1602年）

ビール天国サンディエゴ

　もともとはサン・ミゲルという名前で、スペイン人入植者のセバスチャン・ビスカイノによってサンディエゴに変更された。現在はビール天国だが、その中でも比較的新しい醸造所がセントアーチャー。「ペールエール」は、柑橘系のアロマと控えめの甘味。フィニッシュまで強めの苦味が続く。ついついもう一口……、と進んでしまうビール。

醸造所：セントアーチャー
生産国：アメリカ
原材料：麦芽、ホップ
アルコール度数：5.5％
問い合わせ：ナガノトレーディング

ペールエール
Pale Ale

13

茨城県民の日

納豆、干しいも、常陸野ネスト

　廃藩置県によって初めて茨城県という名前が使われた日（旧暦）。茨城県といえば水戸納豆や干しいも、筑波山といったところが知られているが、ビール好きがすぐ思い浮かぶのは常陸野ネストビール。「スイートスタウト」のほのかな甘味とローストの苦味とのバランスを知ったら、ますます茨城の魅力に取りつかれるはず。

醸造所：常陸野ネストビール
生産国：日本
原材料：麦芽、ホップ
アルコール度数：4％
問い合わせ：木内酒造

スイートスタウト
Sweet Stout

NOV 11

14 チャールズ英国皇太子誕生日(1948年)

ウェールズのスモークスタウト

　チャールズ皇太子の誕生日。イギリス皇太子にはプリンス・オブ・ウェールズの称号が与えられており、今日はウェールズのブルワリー、タイニー・レベルが造る「ダーティーストップアウト」で乾杯したい。このビールは、くん製されたオート麦と8種類のモルトをブレンドしたスタウト。くん製料理との相性も試してほしい。

醸造所：タイニー・レベル
生産国：イギリス
原材料：麦芽、オート麦、ホップ
アルコール度数：5%
問い合わせ：ジュート

ダーティーストップアウト
Dirty Stop Out

---

15 上越新幹線が開業(1982年)

札幌と新潟の縁

　1982年、上越新幹線の大宮・新潟間が開業、新潟までのアクセスが便利になった。後に上野、東京まで乗り入れるようになる。新潟を訪れた際には、新潟限定の「風味爽快ニシテ」をぜひ飲んでみたい。開拓使麦酒醸造所の初代主任技師が新潟出身者でもあり、サッポロビールと新潟の縁は深い。旨味とさわやかさを両立させた味わい。

醸造所：サッポロビール
生産国：日本
原材料：麦芽、ホップ
アルコール度数：5%
問い合わせ：サッポロビール

風味爽快ニシテ
FUUMI SOKAI NI SHITE

NOV 11

16

ホワイトエール
White Ale

水郡線開業（1897年）

醸造所：常陸野ネストビール
生産国：日本
原材料：麦芽、ホップ、コリアンダー、ナツメグ、オレンジピール、オレンジジュース
アルコール度数：5.5%
問い合わせ：木内酒造

NOV
11

ビール好きには有名な路線

　水戸と郡山を結ぶ水郡線が1897年のこの日に開業。単線非電化のローカル線でワンマン運転を行っており、無人駅も多い。水戸から7駅目の常陸鴻巣駅も無人駅で、常陸野ネストビールを造る木内酒造の最寄駅でもある。その沿線ののどかさは、まろやかな口当たりの「ホワイトエール」がよく似合う。小麦の酸味がスパイスと交じり合い、オレンジのフレーバーを造り出す。茨城から生まれたワールドビアカップ金賞受賞ビール。

17 アインシュタイン来日（1922年）

うまいビールの方程式

　ドイツ生まれの物理学者、アルベルト・アインシュタインが船で来日。その頃はすでに$E=mc^2$の式を発表するなど、物理学の革命的な理論を作り上げていた。彼と同じように、ドイツで革命的なビールを造るクルーリパブリックの「7:45エスカレーション」は、しっかりしたホップの苦味とモルトの甘味が魅力のジャーマンダブルIPA。

醸造所：クルーリパブリック
生産国：ドイツ
原材料：麦芽、ホップ
アルコール度数：8.3%
問い合わせ：KOBATSUトレーディング

7:45 エスカレーション
7:45 ESCALATION

18 アフリゲムブロンド日本発売開始（2014年）

NOV 11

上澄みと酵母を注ぎ分け

　1074年からの歴史を持つアフリゲム修道院が起源となるビール。2014年から日本で発売が開始された。専用グラスは酵母が残る底側を注ぎ分けるための小さいグラスも付属し、味わいの違いを楽しむことも。バナナのようなアロマに、酵母によるスパイシーさ。強めのカーボネーションが口の中で泡となり、甘味と苦味を広げていく。

醸造所：アルカン・マエス ブルワリー
生産国：ベルギー
原材料：麦芽、糖類、ホップ
アルコール度数：7%
問い合わせ：ハイネケン・キリン

アフリゲムブロンド
Affligem Blonde

19 エル・ディアブロ解禁

ビール好きならこちらの「解禁」

　11月第3木曜日に解禁……、と言えばボジョレーヌーボーだが、同時に解禁となるのがこのビール。スタイルはバーレーワインで、アルコール度数の高さが特徴。濃厚なボディと熟したフルーツのような香りで、寝かせるほどにまろやかになっていく。小麦を使ったウィートワインの「小麦のワイン Un angel」も同時に解禁される。

醸造所：サンクトガーレン
生産国：日本
原材料：麦芽、ホップ
アルコール度数：10％
問い合わせ：サンクトガーレン

麦のワイン el Diablo
el Diablo

---

20 ピザの日

王妃にも飲んでもらいたかった

　イタリア王妃マルゲリータが、イタリアの国旗のような色合いだと気に入ったピザがマルゲリータ。その王妃の誕生日をピザの日とした。もともとは小さなピザ屋から始まったピッツァポートの「クロニック」をピザとともに。モルトの香ばしさと甘味を軸に、フルーティーさもあるクリアな味わい。クリスピーなピザと合わせたい。

醸造所：ピッツァポート
生産国：アメリカ
原材料：麦芽、ホップ
アルコール度数：4.9％
問い合わせ：ナガノトレーディング

クロニック
Chronic Amber Ale

NOV 11

21

E=mc² の論文が掲載（1905 年）

難しいことは忘れて……

　質量とエネルギーの関係性を表した公式 $E=mc^2$。ドイツ生まれのアインシュタインによる相対性理論の論文の中で、この日に初めて発表された。が、こんな難しいことは専門家にお任せして、我々はドイツビールで乾杯しよう。「ヘーフェヴァイスビア」は小麦麦芽を50％ほど使用し、フルーティーさとバナナのフレーバーが特徴的。

醸造所：フランツィスカーナー
生産国：ドイツ
原材料：麦芽、小麦麦芽、ホップ
アルコール度数：5%
問い合わせ：ザート・トレーディング

ヘーフェヴァイスビア
Hefe-Weissbier

22

長野県りんごの日

NOV 11

品種の違いも楽しみたい

　「いい夫婦」ではなく「いいふじ」と読めば、長野県りんごの日。代表的な銘柄「ふじ」の最盛期でもある。その長野県産リンゴを使用したのが「アップルホップ」。搾りたてリンゴをそのまま飲んでいるかのような味わい。ふじをはじめリンゴの品種ごとに仕込んでいるため、ロットごとに味わいも変わる。ラベルに品種が表記されている。

醸造所：南信州ビール
生産国：日本
原材料：麦芽、ホップ、リンゴ果汁
アルコール度数：6.5%
問い合わせ：南信州ビール

アップルホップ
Apple Hop

23 牡蠣の日

勤労の疲れを癒やすために

この日は勤労感謝の日でもある。栄養豊富な牡蠣を食べて、日頃の勤労の疲れを癒してほしいと全国漁業協同組合連合会が制定。ならば、ビールも牡蠣を使った「オイスタースタウト」にせねばなるまい。使っているのは三陸広田産の牡蠣。身も殻も煮沸段階で投入し、牡蠣のコクとロースト感が見事なハーモニーを醸し出している。

醸造所：いわて蔵ビール
生産国：日本
原材料：麦芽、小麦麦芽、ホップ、牡蠣、牡蠣殻
アルコール度数：7%
問い合わせ：世嬉の一酒造

オイスタースタウト
Oyster Stout

---

24 オペラ記念日

重厚には重厚のペアリング

オペラ『ファウスト』が1894年に上演され、これが明治以降の日本で初のオペラ上演となっている。重厚感あふれる作品には、重厚感あふれるビールとのペアリングを。「エク28」は、発酵前の麦汁含有量が28%あることにちなんだ名前。モルトの甘味が強く感じられるダブルボックだが、甘味はスッと消えて残らない。

醸造所：クルンバッハ
生産国：ドイツ
原材料：麦芽、ホップ
アルコール度数：11%
問い合わせ：廣島

エク 28
EKU28

NOV 11

25 カール・ベンツ誕生日（1844年）

高級感がありながら庶民的

　ベンツの創業者であるカール・ベンツの誕生日。42歳のときに自動車メーカーを創業した。日本では高級なイメージもあるが、現地では高級車からトラックまで扱う総合メーカー。今日は、濃いカラメルアロマが漂いながらも口当たりのよい「ドゥンケル」をチョイスしたい。南ドイツのドゥンケルよりも、甘さは控えめですっきりした味わい。

醸造所：フレンスブルガー
生産国：ドイツ
原材料：麦芽、ホップ
アルコール度数：4.8%
問い合わせ：ザート・トレーディング

ドゥンケル
Dunkel

26 感謝祭

NOV 11

今年も収穫に感謝

　アメリカとカナダでは重要な祝日、感謝祭。アメリカでは11月第4木曜日がこの日にあたり（カナダは10月第2月曜日）、七面鳥を食べて祝う。その七面鳥にはロストコーストの「タンジェリンウィート」を。ウィートエールにタンジェリンの甘味と酸味が加わることで、まろやかでフルーティーな味わいを醸し出している。

醸造所：ロストコースト
生産国：アメリカ
原材料：麦芽、ホップ
アルコール度数：5%
問い合わせ：えぞ麦酒

タンジェリンウィート
Tangerine Wheat Ale

27 ジミ・ヘンドリックス誕生日（1942年）

音楽もビールもイモータル

　ギタリストとしてあまりにも有名なジミ・ヘンドリックスの誕生日。彼の音楽を聞きながら、出身地シアトルのビール「イモータルIPA」を。オレンジフレーバーと香ばしいモルトのハーモニーが、落ち着いた味わいを造り出している。ジミヘンは若くして亡くなったが、彼の音楽はイモータル（不滅）なのかもしれない。

醸造所：エリシアン・ブルーイング
生産国：アメリカ
原材料：麦芽、ホップ
アルコール度数：6.3%
問い合わせ：ビア・キャッツ

イモータル IPA

Immortal IPA

28 イギリスとフランスがハワイを独立国として承認（1843年）

ハワイの夕暮れに1杯

　カメハメハ大王の息子、カメハメハ3世の時代にイギリスを手本とした憲法を整備。1843年にはイギリスとフランスから独立を承認された。その頃のハワイは今と変わらないのだろうか、と思うとこのビールが飲みたくなる。柑橘系のアロマにほのかな甘味。じんわりとした苦味のフィニッシュで、ハワイの夕暮れに似合うビール。

醸造所：コナ・ブリューイング
生産国：アメリカ
原材料：麦芽、ホップ
アルコール度数：6%
問い合わせ：友和貿易

**ファイアーロック
ペールエール**

Fire Rock Pale Ale

NOV 11

29 「第九」が日本初演（1924年）

重厚感あふれる曲とビール

　ベートーヴェンの『交響曲第9番』、いわゆる第九が日本で公式に演奏されたのがこの日。そろそろ来年の足音が聞こえてくる今日は、フルボディのドッペルボックを飲みたい。「アヴェンティヌス」は、バナナやハチミツなどの香りが複雑に絡み合う。口の中で広がる甘味と酸味のバランスが抜群。いい肉の日でもあるので、肉料理と合わせて。

醸造所：シュナイダー・ヴァイセ
生産国：ドイツ
原材料：麦芽、小麦麦芽、ホップ
アルコール度数：8.2％
問い合わせ：昭和貿易

アヴェンティヌス
TAP6 Unser Aventinus

---

30 セント・アンドリュース・デー

スコットランドの大切な日

　スコットランドの守護聖人であるセント・アンドリュースを祝う日。彼はX字型の十字架に架けられて処刑されたことから、スコットランドの国旗は青地に白いXが描かれている。スコットランド北部インヴァネスで設立されたブラックアイルの「ブロンドラガー」は、すっきりとしたモルトの甘味とやわらかいホップの苦味。優しさに満ちた1杯。

醸造所：ブラックアイル
生産国：イギリス
原材料：麦芽、ホップ
アルコール度数：4.5％
問い合わせ：キムラ

ブロンドラガー
Blonde

01 ヨーロッパでクリスマスマーケットが開催

クリスマスはすでに始まっている

　この頃からヨーロッパ各国でクリスマスマーケットが開かれる。ドイツではグリューワインが売られていることが多いが、ビール好きならクリスマスビールだ。「グーデン・カロルス・クリスマス」は、レーズンやハチミツなどの甘いフレーバーと、スパイスやアルコールによるピリッとしたアクセント。複雑な味わいがこの1本にまとまっている。

醸造所：ヘットアンケル
生産国：ベルギー
原材料：麦芽、ホップ、カラメルモルト、小麦麦芽、スターチ、コリアンダー、オレンジピール、アニス、リコリス、糖類
アルコール度数：10.5%
問い合わせ：小西酒造

グーデン・カロルス・クリスマス
Gouden Carolus Christmas

---

02 オーストリアの現首相ヴェルナー・ファイマンが就任（2008年）

ヴァイツェンとIPAの連立政権

　ヴェルナー・ファイマンがオーストリア首相に就任。しかし、ファイマンの社会民主党は過半数に届かず、連立政権とならざるを得なかった。一方、オーストリアのビールには、ヴァイツェンとIPAの融合ともいえるおいしい連立がある。バナナやシトラスのフレーバーとほどよい酸味、そこにじんわりとホップの苦味が訪れる。こんな連立は大歓迎だ。

醸造所：グスヴェルク
生産国：オーストリア
原材料：麦芽、小麦、ホップ
アルコール度数：6.4%
問い合わせ：グローバルグロサリー

ヴァイセス ニコバル IPA
Weisses Nicobar I.P.A.

DEC 12

03 みかんの日

結局、いつ飲んでもうまい

「いつもみかん」の語呂合わせでみかんの日。11月3日もみかんの日。毎月第1日曜日もみかんの日だそうで、少々よくばりな気もするが、日本原種のみかんと言われる石岡市の福来みかんを使った「だいだいエール」を楽しみたい。フレッシュなオレンジフレーバーが口の中を駆け巡る。シャープな苦味の後にキレのいいフィニッシュ。

醸造所：常陸野ネストビール
生産国：日本
原材料：麦芽、ホップ、果実
アルコール度数：6.2%
問い合わせ：木内酒造

だいだいエール
DAiDAi Ale

---

04 東北新幹線八戸〜新青森間開業（2010年）

仕込みは奥入瀬の源流水で

この日に東北新幹線が八戸から新青森まで延伸、全線開業したことになる。2016年3月からは新青森から先の北海道新幹線も開業する。八甲田トンネル貫通（P39）でも飲んだ奥入瀬ビールの中でも、この時期には「ダークラガー」がいい。ローストモルトを使用したシュバルツで、そのローストの香ばしさと爽快な喉越しが楽しめる。

DEC 12

醸造所：奥入瀬麦酒館 OIRASE Brewery
生産国：日本
原材料：麦芽、ホップ
アルコール度数：5%
問い合わせ：(一財) 十和田湖ふるさと活性化公社

ダークラガー
Dark Lager

05

アメリカ「禁酒法」廃止（1933年）

堂々と飲める喜びを

　1920年に施行されたアメリカの「禁酒法」。表向きは禁酒とは言いながらも、地下酒場が繁盛するなど、実際にはあまり意味をなさなかった。アメリカで堂々と酒が飲めるようになったこの日こそ、アメリカンIPAで祝いたい。オレンジを思わせるアロマに、ホップの苦味を支えるしっかりしたボディ。しみじみ飲める。

醸造所：ロストコースト
生産国：アメリカ
原材料：麦芽、ホップ
アルコール度数：6.5%
問い合わせ：えぞ麦酒

インディカ

Indica India Pale Ale

06

聖ニコラウスの日

サンタの起源にサンタビール

　このビールの「サミクラウス」とはサンタクロースという意味。サンタクロースの起源ともなっている聖ニコラウスの日に醸造を開始するトリプルボック。チョコレートやアーモンドのアロマなど様々な香りが漂い、飲むとどっしりとした甘味によってその香りが増幅する。ビール好きへのクリスマスプレゼントはコレだ。

醸造所：シュロス・エッゲンベルグ
生産国：オーストリア
原材料：麦芽、ホップ
アルコール度数：14%
問い合わせ：廣島

サミクラウス

Samichlaus Bier

DEC 12

07 キリスト教東西教会が相互破門を解消（1965年）

イタリアの重厚なピルスナー

　ローマ教皇の西方教会と東方正教会が、1054年に「相互破門」。この日に共同宣言を発表し、911年ぶりに「相互破門」が解消された。こんな日は「マイアントニア」のようなコラボビールがよく似合う。アメリカのドッグフィッシュヘッドとのコラボで、ハチミツのような甘味のボディ。華やかなホップの香りも心地よい。

醸造所：ビッラ・デル・ボルゴ
生産国：イタリア
原材料：麦芽、ホップ
アルコール度数：7.5％
問い合わせ：ホブゴブリンジャパン

マイアントニア
My Antonia

---

08 ドイツでレントゲニウム発見（1994年）

ドイツ＋アメリカ＝ネオ・ジャーマン

　正式名が決まるまではウンウンウニウムという暫定名だった元素、レントゲニウム。ドイツでビスマス209とニッケル64を衝突させて作り出された。こんな日はドイツにアメリカンスタイルを衝突させて新しい世界を作り上げたクルーリパブリック。豊かで香ばしい香りに、濃厚なボディ。口当たりがよく、アルコール度数ほどの重さは感じない。

醸造所：クルーリパブリック
生産国：ドイツ
原材料：麦芽、ホップ
アルコール度数：9.2％
問い合わせ：KOBATSUトレーディング

DEC 12

ラウンドハウスキック
Roundhouse Kick

09

フリッツ・メイタグ誕生日（1937年）

彼がいたからこそのこのビール

　1937年のこの日に生まれたフリッツ・メイタグ。経営の厳しかったアンカーブルーイングを買い取り、復活させることに成功する。1972年から造られている「アンカーポーター」を少し高めの温度で味わってみよう。チョコバナナを思い出させるアロマ。ボディも軽めでスッと口に入ってくるが、次第にローストの苦味を強く感じるようになる。

醸造所：アンカーブルーイング
生産国：アメリカ
原材料：麦芽、ホップ
アルコール度数：5.6%
問い合わせ：三井食品

アンカーポーター
Anchor Porter

10

ノーベル賞授与式

エキサイティングなホップの苦味

　この日はノーベル賞の授与式。スウェーデンの化学者、アルフレッド・ノーベルが亡くなった日でもある。「平和賞」以外はスウェーデンのストックホルムで授与式が行われている。ストックホルムで2012年に設立されたキャップブルワリーの「エクサイターIPA」は、グレープフルーツのアロマとシャープで突き抜けるような苦味。

醸造所：キャップブルワリー
生産国：スウェーデン
原材料：麦芽、ホップ
アルコール度数：6%
問い合わせ：ウィスク・イー

エクサイター IPA
Exciter IPA

11

アポロ 17 号が月面に着陸（1972 年）

赤く見える月のような色合い

　アポロ17号が月面に着陸したのは人類史上6回目。そして人間が月に降り立ったのもこれが最後となっている(2015年現在)。これ以降、月はまた眺める対象となった。月を眺めながらゆっくり飲むには最適なのが「鎌倉ビール 月」。香ばしくも落ち着いた紅茶のような香り。苦味はほとんど感じられず、すっきりとしたフィニッシュ。

醸造所：鎌倉ビール醸造
生産国：日本
原材料：麦芽、ホップ
アルコール度数：6%
問い合わせ：鎌倉ビール醸造

鎌倉ビール 月
Kamakura Moon

12

DEC 12

宮崎リニア実験線でリニアモーターカーが初めて時速 500km を超える（1979 年）

宮崎の太陽のようなゴールド

　国鉄(当時)の宮崎リニア実験線で、初めて時速500kmを超えた。同月21日には時速517kmを記録。今では宮崎に代わって山梨リニア実験線が稼働している。そんな今日は宮崎のひでじビールのフラッグシップ「太陽のラガー」。宮崎の太陽を思わせるゴールドの液色。モルトの甘味を感じるとシャープな苦味が現れ、余韻として残る。

醸造所：ひでじビール
生産国：日本
原材料：麦芽、ホップ
アルコール度数：5%
問い合わせ：宮崎ひでじビール

太陽のラガー
Taiyou no Lager

13 正月事始め

正月の準備の合間に

　正月事始めとは、正月の準備を始める日。この日は宣明暦で「鬼」の日に当たり、婚礼以外はすべて大吉とされている。どうせならビールも「金鬼」で、よりめでたい一日にしてしまおう。シトラスと若草のアロマがあふれ、ミカンやオレンジなどの果汁感たっぷりのフレーバー。フィニッシュにはホップのグラッシーな苦味が現れる。

醸造所：株式会社わかさいも本舗 のぼりべつ地ビール鬼伝説
生産国：日本
原材料：麦芽、ホップ
アルコール度数：5%
問い合わせ：株式会社わかさいも本舗登別東店（醸造所併設）

金鬼ペールエール
Kinoni Pale Ale

---

14 吉良邸討ち入り（1703年）

吉良邸、両国、雷電為右衛門

　旧暦1703年12月14日、赤穂浪士が吉良邸に討ち入った。『忠臣蔵』で知られた事件で、その吉良邸は現在の両国にあった。両国と言えば相撲。長野県東御市出身の大関、雷電が缶に描かれたこのビールが今日のお供。シーズンごとにスタイルが変わり、冬はポーター。焦げた苦味にホップの苦味も加わり、大人なビターの仕上がりに。

醸造所：オラホビール
生産国：日本
原材料：麦芽、ホップ
アルコール度数：5%
問い合わせ：信州東御市振興公社

ビエールド雷電 冬仕込み
Bière de Rydeen

DEC 12

15 オランダ王国憲章制定（1954年）

トリペルよりも上のクアドルペル

　1954年にオランダ王国憲章が制定され、この日は記念日にもなっている。憲章は王国を形成するオランダ本国などの憲法よりも優位にあるもの。今日はトリペルよりもアルコール度数の高い「クアドルペル」の重厚感を楽しみたい。レーズン、プルーンなどのどっしりフルーツ感。まろやかな口当たりのあとにスパイシーさが。

醸造所：ラ・トラップ
生産国：オランダ
原材料：麦芽、ホップ、糖類
アルコール度数：10％
問い合わせ：小西酒造

ラ・トラップ・クアドルペル
La Trappe Quadrupel

---

16 ベルギー初代国王レオポルド1世誕生日（1790年）

王家にふさわしい最上級ビール

　オランダからベルギーが独立（1831年）し、ベルギー国王に就任したレオポルド1世。ベルギー王家は、現在の国王フィリップまで続いている。ぜひ今日は最上級の「グランクリュ」をいただきたい。オーク樽で2年以上熟成したフランダースレッドエールで、独特の酸味、リンゴや熟したブドウなどのかすかな甘いフレーバーが感じられる。

醸造所：ローデンバッハ
生産国：ベルギー
原材料：麦芽、ホップ、トウモロコシ、糖類
アルコール度数：6.5％
問い合わせ：小西酒造

ローデンバッハ・グランクリュ
Rodenbach Grand Cru

17 飛行機の日

飛ぶのも飲むのも爽快!

　ライト兄弟が人類初の有人動力飛行を成功させた日は、飛行機にちなんで「ドライデッカーラガー」を。ドリンカビリティが高く、すっきりドライな印象があるが、この名前のドライは「dry」と「drei(ドイツ語の「3」)」をかけている。ドライデッカー(dreidecker)は翼が3重になっている三葉機のこと。大空へのあこがれとともに。

醸造所：フライングブルワリー
生産国：オーストリア
原材料：麦芽、ホップ
アルコール度数：4.8%
問い合わせ：Jena

ドライデッカーラガー
Drydecker Lager

---

18 東京駅完成（1914年）

変化を受け入れる東京とビール

　東京駅がこの日に完成してから2014年で100年。何も変わらないように見えながら、上野東京ラインが開通するなどの変化も受け入れてきた。伝統と変化が混じった東京を体現しているのが東京駅であり、このビールでもある。フレッシュな白ブドウのような香りとキリッとした味わい。「ブロンド」（P114）も合わせて飲んでみよう。

醸造所：日本クラフトビール
生産国：日本
原材料：大麦麦芽、小麦麦芽、ホップ、小麦、糖類
アルコール度数：5%
問い合わせ：日本クラフトビール

Far Yeast 東京ホワイト
Far Yeast Tokyo White

DEC 12

19

門司港駅舎が重要文化財に指定
（1988年）

駅舎修理中はこのボトルを眺めて

　1914年に建てられた門司港駅の駅舎が、この日に重要文化財として指定された。ネオ・ルネッサンス風のレトロな洋風建築。現在は老朽化により2018年まで修理中なので、駅舎の写真が載っているラベルを眺めながら「門司港驛ビール」を。やさしい口当たりとホップの上品な香りが、レトロな駅舎とマッチする。じんわりと感じる苦味の余韻。

醸造所：門司港レトロビール
生産国：日本
原材料：麦芽、ホップ
アルコール度数：5%
問い合わせ：門司港地ビール工房

門司港驛ビール
Mojiko Station Beer

20

霧笛記念日

ボトルから聞こえてくる霧笛

　1879年、青森県の尻屋埼灯台に日本で初めて霧笛が設置されたことを記念。霧笛とはその名の通り、霧などで視界が悪い時に使われる信号のこと。英語では「フォグホーン」と言い、その名が付いたこのビールは冬の寒い日にぴったりのハイアルコール。熟したブドウのような香りの中に丸みのある甘味を感じる。じっくりと飲みたい。

DEC 12

醸造所：アンカーブルーイング
生産国：アメリカ
原材料：麦芽、ホップ
アルコール度数：8〜10%
問い合わせ：三井食品

オールドフォグホーン
Old Foghorn

21 ラムサール条約発効 (1975 年)

大沼のほとりの本格アルト

　1975年のこの日に発効されたラムサール条約は、水鳥の生息地として重要な湿地を保存するための条約。大沼も登録されており、その大沼のほとりで造られているのが大沼ビール。「アルト」はモルトの甘味がほどよく感じられ、かすかな酸味とそれらの味わいを支える程度の苦味が特徴。ダージリンのような香りも漂う。

醸造所：大沼ビール
生産国：日本
原材料：麦芽、ホップ
アルコール度数：5%
問い合わせ：ブロイハウス大沼

アルト
Alt

---

22 冬至

柚子は湯へ入れずに麦汁へ

　一年のうちで昼が最も短い冬至。柚子湯に入れば風邪をひかないと言われているが、原料に柚子を使った「ゆずホ和イト」でもいいのではないだろうか。ベルジャンホワイトのオレンジピールの代わりとして柚子を使っており、柚子の香りがほのかに感じられる。まろやかな口当たりに、軽い酸味とスパイシーさがアクセント。

醸造所：箕面ブリュワリー
生産国：日本
原材料：麦芽、小麦、ホップ、柚子、コリアンダー
アルコール度数：5%
問い合わせ：箕面ビール

ゆずホ和イト
Yuzu White

DEC 12

23

ベルギー首相がフリッツとマヨネーズをかけられる（2014年）

フリッツはビールとともに

　ベルギー首相シャルル・ミシェルが、演説中にフリッツとマヨネーズをかけられるという事件が発生。そんなことに使わないでビールと一緒に食べなさい！　と思うのは僕だけだろうか。フルーティーでホップの苦味がきいたトリプルの元祖「ウェストマール・トリプル」とともに、ゆっくり落ち着いて楽しみたいものだ。

醸造所：ウェストマール
生産国：ベルギー
原材料：麦芽、ホップ、糖類
アルコール度数：9.5%
問い合わせ：小西酒造

ウェストマール・トリプル
Westmalle Tripel

24

クリスマスイブ

毎年変わる味わいを楽しみに

　クリスマスビールやヴィンテージビールが出回る、待ち遠しいクリスマス。その前後に発売されるフラーズ「ヴィンテージエール」もそのひとつ。毎年原材料や保存方法を変えて造られており、熟成させることで味わいが変化していく。2013年のものは、強い甘味と完熟したフルーツの複雑なフレーバーがあり、全体的にバランスのよい仕上がり。

醸造所：フラーズ
生産国：イギリス
原材料：麦芽、ホップ
アルコール度数：8.5%
問い合わせ：アイコン・ユーロパブ

DEC 12

フラーズ ヴィンテージエール
Fuller's Vintage Ale

25 クリスマス

ビールはいつもあなたのそばに

　今年もやってきたクリスマス。一人だろうが二人だろうが、ビールはいつもあなたのそばにいる。クリスマスにはこの時期のために造られたクリスマスビールを飲もう。このビールは、多くの種類のモルトを使用した、クリスマスビールらしい濃厚なボディ。熟したブドウ、バナナのフレーバーにスパイシーさも。複雑さが1本にまとまったビール。

醸造所：サンフーヤン
生産国：ベルギー
原材料：麦芽、ホップ、糖類
アルコール度数：9%
問い合わせ：ブラッセルズ

**サンフーヤン・
キュベ・デ・ノエル**

St-Feuillien Cuvée de Noël

26 ガン条約締結で米英戦争終結（1814年）

ボトルに詰まった圧倒的なホップ

　ガン条約が結ばれ停戦となった米英戦争。この戦争で、アメリカは経済的にイギリス依存から独立したと言われる。このビールのようなウエストコーストスタイルIPAもイギリスから独立したもの。さらに、新しいホップを使用するなど「2.0」へと進化した。圧倒的なトロピカルフレーバーと際立った苦味のフィニッシュ。2015年6月より販売。

醸造所：ストーン
生産国：アメリカ
原材料：麦芽、ホップ
アルコール度数：8.5%
問い合わせ：ナガノトレーディング

**ストーン
ルイネーションダブル IPA 2.0**

Stone Ruination Double IPA 2.0

DEC 12

27 ダーウィンがビーグル号でイギリスから出発（1831年）

ホブゴブリンの種の起源は？

『種の起源』で知られる自然科学者チャールズ・ダーウィンが、世界一周に出発した日。この航海でガラパゴス諸島にも立ち寄っている。伝説上の生物がラベルに描かれた「ホブゴブリン」は、熟したフルーツのような香りのあるダークエールで、しっかりしたモルトの甘味。ダーウィンが飲んだらホブゴブリンの起源をどう考えるのだろうか？

醸造所：ウィッチウッド
生産国：イギリス
原材料：麦芽、ホップ
アルコール度数：5%
問い合わせ：アイコン・ユーロパブ

ホブゴブリン
Hobgoblin

---

28 ウェストミンスター寺院竣工（1065年）

伝統ある教会とビール

イギリス国王の戴冠式も行われるウェストミンスター寺院。竣工はなんと1065年。この寺院の古さにはかなわないが、イギリス・ヨークシャーでは最古の醸造所といわれているサミエルスミスのこのビールを。名前の通りオーガニックな原料を使用。オーク樽で熟成させることによる酸味が特徴で、モルトの甘味と相まってまろやかな味わいに。

醸造所：サミエルスミス
生産国：イギリス
原材料：麦芽、ホップ
アルコール度数：5%
問い合わせ：日本ビール

DEC 12

サミエルスミス・
オーガニックペールエール
Samuel Smith's Organic Pale Ale

29 アイルランド憲法施行（1937年）

国が変わってもビールは変わらない

1922年にイギリスから分離したアイルランド自由国は、1937年に新憲法を施行したことでイギリス国王を元首とせず、共和制のアイルランド共和国となった。そのアイルランド南部のコークで伝統的な醸造方法で造られているのが「アイリッシュスタウト」。コーヒーのようなローストフレーバーとなめらかな口当たりが秀逸。

醸造所：マーフィーズ
生産国：イギリス
原材料：麦芽、ホップ
アルコール度数：4%
問い合わせ：アイコン・ユーロパブ

マーフィーズ アイリッシュスタウト
Murphy's Irish Stout

---

30 地下鉄記念日

いつかパイプを日本まで……

1927年の今日、日本初の地下鉄である銀座線が上野・浅草間で開通したことを記念。今や地下にはいろいろなものが通っているが、ビール輸送のパイプを通してしまおう、と計画しているのがドゥ・ハルヴ・マーン。ハチミツ、オレンジ、洋ナシなど複雑なフレーバーが次々現れるこのビールも、いつか地下を通って人々の口に入るのだろうか。

醸造所：ドゥ・ハルヴ・マーン
生産国：ベルギー
原材料：麦芽、ホップ
アルコール度数：9%
問い合わせ：ワールドリカーインポーターズ

ストラッフェ・ヘンドリック トリプル
Straffe Hendrik Tripel

DEC 12

31 シメイブルー
Chimay Bleue

大晦日

醸造所：スクールモン修道院
生産国：ベルギー
原材料：麦芽、小麦麦芽、ホップ、糖類
アルコール度数：9％
問い合わせ：三井食品

DEC 12

1年のビアライフを締める1杯

　長いようで短い1年も今日で終わり。今年も素敵なビアライフを送ることができただろうか？シメイで唯一ヴィンテージが入った「ブルー」を飲みながら、1年を振り返ってみよう。フルボディでカラメルの甘味と香ばしさを感じる。フィニッシュには苦味とスパイシーさ。今飲むほかにもう1本購入しておいて、寝かせたものを数年後に開栓、「今年」を思い出しながら飲んでみるというのも、アリだ。また来年もよいビアライフを。

索引

数字
01 l 01 シトラセゾン	120
104.5 エール	91
1906 レゼルヴァ・エスペシアル	119
496	52
5A.M. レッドエール	37
7:45 エスカレーション	182

ア行
愛	26
I Beat yoU	49
IPA（ラグニタス）	68
アイランダー IPA	63
アヴィエイター・エール	132
アヴェンティヌス	188
アヴェンティヌス アイスボック	166
青い空と海のビール	115
赤米エール	131
秋田美人のビール	137
アサヒスーパードライ	61
アサヒスタウト	175
アップルホップ	184
アノステーケ・ブロンド	112
アフリゲムブロンド	182
あまおうノーブルスイート	17
アルト（大沼ビール）	199
アルト（湘南ビール）	24
アルト（八海山）	142
アロガントバスタードエール	34
アロマティックエール	35
アンカースチーム	21
アンカーポーター	193
アンバーショック	141
アンバーワンエール	77
アンブラータ	97
イザック	30
イツハビール ケルシュ	74
イネディット	91
イノベーション	18
イモータル IPA	187
Indian Summer Saison	174
インディカ	191
インドの青鬼	12
インペリアルチョコレートスタウト	31
ヴァイスビアドゥンケル	136
ヴァイスビアヘーフェ	120
ヴァイセス ニコバル IPA	189
ヴァイツェン（奥入瀬ビール）	39
ヴァイツェン（大山 G ビール）	144
ヴァイツェン（富士桜高原麦酒）	62
ヴァイツェン（ビアへるん）	79
ヴァイツェン（横浜ビール）	13
ヴァイツェンテ	41
ヴァルシュタイナー	94
ウェストコースト IPA	125
ウェストマール・トリプル	200
ヴェデット・エクストラホワイト	141
エク 28	185
エクサイター IPA	193
エビス プレミアム ブラック	167
ヱビスビール	38
エリズブラウン	68
縁結麦酒（えんむすぴ〜る）スタウト	11
オイスタースタウト	185
オーストリアン アンバーエール	170
オールドエンジンオイル	110
オールドフォグホーン	198
オガム・アッシュ	102
オクトーバーフェストビア（エルディンガー）	148
オクトーバーフェストビア（シュパーテン）	162
オルヴァル	70

カ行
カールスバーグ	23
海軍さんの麦酒 ヴァイツェン	96
「馨和 KAGUA」Rouge	118
鎌倉ビール 月	194
カムデン ペールエール	130
軽井沢高原ビール ワイルドフォレスト	153
カリフォルニアサンシャイン IPA	87
カンティヨン・グース	77
キソジプレミアムラガー	160
ギネス エクストラスタウト	48
キャスティールブリューン	134
キャタピラー ペールエール	175
キャンプファイアースタウト	80
キュベ ジェンノーム	99

京都周山街道麦酒アンバーエール	99
京都麦酒 蔵のかほり	36
餃子浪漫	35
キリン一番搾り生ビール	87
ギロチン	165
金鬼ペールエール	195
金蔵	30
グーデン・カロルス・キュヴェ・ヴァン・ド・ケイゼル・ブルー	20
グーデン・カロルス・クラシック	178
グーデン・カロルス・クリスマス	189
クラフトセレクト ペールエール	78
グランドキリン	80
グリーンバレット	48
グリゼット・フリュイ・デ・ボワ	83
グリゼット・ブロンシュ	127
グレープフルーツ	144
グレゴリウス	45
クローネンブルグ 1664	81
グロールシュ	14
グロッテン・サンテ	103
クロニック	183
黒ブラック インペリアルスタウト	73
黒船ポーター	109
ケルシュ（ガッフェル）	164
COEDO 伽羅 -Kyara-	61
COEDO 紅赤 -Beniaka-	163
ゴーストシップ	135
ゴーゼ	15
ゴーヤー DRY	76
ゴールデンアイペールエール	101
ゴールデンスワンレイクエール	72
ココナッツポーター	23
こしひかり越後ビール	172
小麦のビール	136
こぶし花ビール IPA	139
コリアンダーブラック	65
コロナ・エキストラ	37
コロナド・ゴールデン	106
サ行	
坂本龍馬ビール	112
ザ・プレミアム・モルツ	46
ザ・プレミアム・モルツ マスターズドリーム	173
ザ・ペールエール	22
雑穀ヴァイツェン	44
サッポロラガービール	146
サッポロ生ビール黒ラベル	124
サミエルアダムス・ボストンラガー	54
サミエルスミス・オーガニックペールエール	202
サミクラウス	191
サンサンオーガニックビール	177
サンフーヤン・キュベ・デ・ノエル	201
サンフーヤン・セゾン	100
シークヮーサーホワイトエール	26
シェイクスピア オートミール スタウト	16
志賀高原 IPA	29
シメイゴールド	145
シメイブルー	204
ジャイプル IPA	90
ジャコバイトエール	147
社長のよく飲むビール	106
ジャパニーズハーブエール SANSHO	72
ジャマイカ レッド エール	55
ジャンラン・アンバー	169
ジャンラン・ブロンド	29
十字峡	108
シュヴァルツ（ハーヴェスト・ムーン）	178
シュヴァルツビア（ケストリッツァー）	19
シュバルツ（湘南ビール）	152
シュレンケルラ ラオホビア メルツェン	53
湘南ゴールド	64
信州蕎麦スタウト	46
神都麥酒	11
シンハービール	168
スイートスタウト	179
水曜日のネコ	36
ズウィンジー	40
スーパー	113
スカイハグ IPA	42
スカルピン IPA	64
ストーン Go To IPA	143
ストーン ルイネーションダブル IPA 2.0	201
ストラッフェ・ヘンドリック トリプル	203

ストロングエール（ソット）	60
スピードウェイ・スタウト	164
スピットファイアー	142
スペースマン IPA	63
スペシャル・エクストラ・エクスポート・スタウト	177
スモーク＆オーク・ベルジャンストロングエール	150
スリーグリッド IPA	94
スルガベイインペリアル IPA	156
スワンレイクポーター	20
セゾン（デュカート）	132
セゾン 1858	149
セゾンデュポン	116
セゾンルー	170
セリス・ホワイト	50
ゼロ戦シングルホップ IPA	148
セント・アンドリュース	86
セント・ベルナルデュス・アブト	160
セント・ベルナルデュス・ホワイト	127

タ行

ダークラガー（奥入瀬ビール）	190
ダーティーストップアウト	180
大雪ピルスナー	75
タイガー	66
だいだいエール	190
太陽のラガー	194
台湾啤酒 マンゴー	113
TAP7 オリジナル	34
W-IPA（箕面ビール）	44
タラス・ブルバ	162
タルラー・エクストラ・ペールエール	17
太郎左衛門	147
タンジェリンウィート	186
千曲川のスケッチ	114
チョコレートスタウト（ベアレン醸造所）	32
青島ビール	153
嬬恋物語 エール	43
ツム・ユーリゲ アルトビール	121
デ・コーニンク	67
ディス・イズ・ラガー	16
デウス	130
テキサスレンジャー	40

デッドポニー・ペールエール	146
デトックス	135
デュベル	92
デリリュウム・トレメンス	71
東京ブラック	150
ドゥシャス・デ・ブルゴーニュ	53
トゥルプレット	93
ドゥンケル（フレンスブルガー）	186
ドゥンケルラドラー	75
ドライデッカーラガー	197

ナ行

ナインテイルドフォックス	59
名古屋赤味噌ラガー	96
ニッポニア	31
ヌグネ GPA	54
ヌグネ IPA	81
ネグラ・スタウト	166
ネロズブロンド	171
農兵スチーム	28

ハ行

ハードコア インペリアル IPA	124
ハートランドビール	25
パイナップルエール	131
ハイネケン	21
パウエルクワック	161
パウラーナー オクトーバーフェストビア	151
パウラーナー サルバトール	157
パウラーナー ヘフェヴァイスビア	76
バゴア ゴリア・レッドエール	169
バゴア ベルツァ・スタウト	47
バス ペールエール	47
ハドーケン	137
バルティカ No.9	95
パンク IPA	60
ビーケン	43
ピーチエール	41
ピーチピルス	145
ビエールド雷電 冬仕込み	195
ビター＆ツイステッド	83
ビッグアイ IPA	86
ビッグウェーブゴールデンエール	69
ビッグスウェル IPA	133
ヒップスターエール	108

ヒューガルデン・ホワイト	140
ヒューガルデン禁断の果実	24
ピルスナー（小樽ビール）	143
ピルスナー（湘南ビール）	102
ピルスナー（独歩ビール）	89
ピルスナー（フレンスブルガー）	70
ピルスナーウルケル	159
ピンクキラー	55
ビンタン	101
ピンテールペールエール	49
Far Yeast 東京ブロンド	114
Far Yeast 東京ホワイト	197
ファイアーロックペールエール	187
ファントム・ピサンリ	119
ファントム・レギュラー	14
風味爽快ニシテ	180
福香ビール	45
ブドバー	171
フラーズ ヴィンテージエール	200
フライングモンキー	67
ブラウンエール（伊勢角屋麦酒）	167
ブラック IPA	100
プリマ・ピルス	51
プリモ	95
フリュー・ケルシュ	129
フルートウィット	123
ブルームーン	168
ブルッグス ゾット ブロンド	58
ブルックリン IPA	98
ブルックリンラガー	50
ブレックルズブラウン	38
ブレディン 1075	13
プレミアムレッドエール	33
ブロンシュ・ド・ブリュッセル	98
ブロンシュ（梅錦ビール）	121
ブロンドラガー（ブラックアイル）	188
ベアレン・クラシック	74
ベアレン・シュバルツ	104
ヘーゼルナッツ ブラウン ネクター	117
ヘーフェヴァイスビア	184
ヘーフェヴァイツェン（デイ・オブ・ザ・デッド）	174
ヘーフェヴァイツェン（ブランク）	65
ペールエール（伊勢角屋麦酒）	66
ペールエール（シエラネバダ）	128
ペールエール（セントアーチャー）	179
ペールエール（大山 G ビール）	129
ペールエール（ナギサビール）	107
ペールエール（ハーヴェスト・ムーン）	109
ペールエール（ビアへるん）	59
ペールエール（常陸野ネストビール）	111
ペールエール（プレストンエール）	97
ヘッドウォーター・ペールエール	33
ヘフヴァイス（ヴァイエンステファン）	149
ヘラーヴァイツェンボック	110
ベルギーチョコレートスタウト	32
ホーニー・デビル	139
ホップヘッドレッド	51
ホップライオット IPA	123
ホップ香るビール	133
ボディントンパブエール	93
ボトムアップウィット	73
ボトルコンディション（多摩の恵）	42
ホブゴブリン	202
ホフブロイ オリジナルラガー	157
ホフブロイ ドゥンケル	39
ホフブロイ マイボック	84
ポペリンフス・ホメルビール	172
ホワイトウィッチ	71
ホワイトエール（エチゴビール）	15
ホワイトエール（常陸野ネストビール）	181
ホワイトバイツェン	103
ホワイトベルグ	79
ホワイトラスカル	111
穂和香	18
ボンヴー	12
マ行	
マーネブリュッセル	152
マーフィーズ アイリッシュスタウト	203
マイアントニア	192
マイウルボック	85
マルール 10	161
マレッツ・トリプル	19
ミッケルズドリーム	10
Miyama Blonde	134
ミュンヘナー・ヘル	69

ミラー	138	ラッキーバケット IPA	27
麦のワイン el Diablo	183	ランジェルス	158
明治復刻地ビール	22	リーフマンス・オン・ザ・ロック	128
門司港驛ビール	198	リーフマンス・グリュークリーク	176
モンゴゾバナナ	125	リバティーエール	107

ヤ行

ヤール ホッピー・ブロンドエール	84	流氷 Draft	140
ゆずホ和イト	199	リンデマンス・カシス	117
YOKOHAMA XPA	88	リンデマンス・ペシェリーゼ	115
横浜ラガー	89	ルル・エスティバル	126
よなよなエール	78	レアーレ	159

ラ行

ラ・シュフ	85	レイドビア ホッピーラガー	58
ラ・トラップ・クアドルペル	196	レッドトロリーエール	82
ラ・メール	122	ローデンバッハ・グランクリュ	196
ラーデベルガーピルスナー	118	ロシュフォール 10	82
ライオン・スタウト	27	ロマランド	28
ライオン・ラガー	151	ロンドンブライド	62
ライジングサン ペールエール	10	ロンドンポーター	165
ラウンドハウスキック	192		

ワ行

ワージーペールエール	176
ワイルド・スワン	104

参考文献

『近代日本総合年表』岩波書店
『死ぬまでに飲みたいビール 1001 本』エイドリアン・ティアニー・ジョーンズ 編 KADOKAWA
『すぐに役立つ 366 日記念日事典』日本記念日協会 編、加瀬清志 著 創元社
『世界史大年表』 山川出版社
『世界のビール図鑑』ティム・ハンプソン編集主幹 ネコ・パブリッシング
『世界のビール博物館』藤原ヒロユキ 著 ワイン王国
『世界ビール大百科』フレッド・エクハード、クリスティン・P・ローズ他 著、田村功 訳 大修館書店
『知識ゼロからのビール入門』藤原ヒロユキ 著 幻冬舎
『20 世紀年表』 毎日新聞社
『ベルギービール大全＜新＞』三輪一記・石黒謙吾 著 アスペクト
日本記念日協会ウェブサイト　http://www.kinenbi.gr.jp/

問い合わせ

AQ ベボリューション	info@aqbevolution.com
AJB Co.	080-6930-3992
F.B.Japan	029-224-4475
Jena	03-3556-0508
KAHULUI	03-6433-5090
KOBATSU トレーディング	kobatsu@kobatsu.com
M's Kitchen	03-5545-9961
The Counter	029-252-4414
アイエムエーエンタープライズ	03-6402-7578
アイコン・ユーロパブ	03-5369-3601
あくらビール	018-862-1841
アサヒビール	0120-011-121
網走ビール株式会社	0152-45-5100
株式会社アレフ 小樽ビール	0134-61-2280
池光エンタープライズ	03-6459-0480
石川酒造	042-553-0100
ウィスク・イー	03-3863-1501
宇奈月麦酒館	0765-65-2277
梅錦ビール	0896-58-1211
えぞ麦酒	011-614-0191
エチゴビール	0256-76-2866
エバーグリーン	050-5898-4929
大沼ビール	0120-162-142
オラホビール	0268-64-0006
鎌倉ビール	0467-23-5533
黄桜株式会社	075-611-2172
キムラ	082-241-6703
コエドブルワリー	049-259-7735
キリンビール株式会社	0120-111-560
銀河高原ビール	0197-85-5321
きんき	0745-57-1750
熊澤酒造	0467-52-6118
久米桜麦酒株式会社	0859-68-5570
呉ビール	0120-737-990
グローバルグロサリー	0284-64-9834
小西酒造	072-775-1524
ザート・トレーディング	03-5733-2004
作州津山ビール	0868-29-1111
麦雑穀工房マイクロブルワリー	0493-72-5673
サッポロビール株式会社	0120-207800
サンクトガーレン	046-224-2317
サントリー	0120-139-310
ジュート	03-5429-1825
昭和貿易（海外ブランド営業部）	06-6441-8123
世嬉の一酒造	0191-21-1144
大榮産業	052-482-7231
大雪地ビール	0166-25-0400
玉村本店	0269-33-2155
嬬恋高原ブルワリー	0279-96-1403
独歩ビール	086-272-5594
十和田湖ふるさと活性化公社	0176-72-3201
都光酒販	03-3833-3541

ナガノトレーディング	045-315-5458
ナギサビール	0739-43-7386
那須高原ビール	0287-62-8958
二軒茶屋餅角屋本店	0596-21-3108
日本ビール	03-5489-8888
日本クラフトビール	070-5540-2799
ノースアイランドビール	011-391-7775
ノンナアンドシディ	03-3748-2898
ハーヴェスト・ムーン	047-305-2525
ハイネケン・キリン	03-3639-6200
はこだてビール　株式会社マルカツ興産	0138-23-8000
八海山泉ビール	025-775-3866
羽生の里 羽生ブルワリー	048-565-5267
羽田酒造	075-852-0080
反射炉ビヤ	055-949-1208
ビア・キャッツ	03-6304-1787
ビアへるん	0852-55-8355
常陸野ネストビール	029-298-0105
瓢湖屋敷の森ブルワリースワンレイクビール	0250-63-2000
廣島	092-821-6338
富士桜高原麦酒	0555-83-2236
ブラッセルズ	03-5457-3400
ブルーマスター	092-841-6336
ベアード・ブルーイング	0558-73-1199
ベアレン醸造所	019-606-0766
ヘリオス酒造	0120-41-3975
ベルギービール Japan	052-962-1530
	support@kiya.com
ホテル木曽路	0264-58-1126
ホブゴブリンジャパン	03-5770-8228
ホンダ産業 プレストンエール	0285-55-2259
みちのく福島路ビール	024-593-5859
三井食品	03-6700-7110
南信州ビール	0265-85-5777
箕面ビール	072-725-7234
宮崎ひでじビール	0982-39-0090
門司港地ビール	093-321-6885
モトックス	0120-344101
盛田金しゃちビール	0568-67-0116
モルソン・クアーズ・ジャパン	0077-780-982
ヤッホーブルーイング	0267-66-1211
ユーラシアトレーディング	03-6458-8626
友和貿易	03-3463-7713
横浜ビール	045-212-9633
リードオフジャパン	03-5464-8170
リベラ・ジャパン	03-3568-2018
龍神酒造	0276-72-3711
ろまんちっく村クラフトブルワリー	028-665-8800
ワールドリカーインポーターズ	
http://www.world-liquor-importers.co.jp	
株式会社わかさいも本舗登別東店 （醸造所併設）	0143-83-3110

BEER CALENDAR

2015 年 5 月 30 日　初版第一刷発行

著者　富江弘幸

装丁・デザイン　ヒヌマデザイン
写真　青野 豊
　　　　斎藤さだむ（P31, P111, P131, P179, P181, P190）
編集協力　本多祐介（ビール王国）

発行者　原田 勳
発行所　株式会社ワイン王国
〒106-0046
東京都港区元麻布 3-8-4
tel 03（5412）7894
販売提携　株式会社ステレオサウンド
印刷・製本　奥村印刷株式会社

◎落丁・乱丁は送料弊社負担にてお取替えいたします。
ISBN 978-4-88073-365-4
©2015　Hiroyuki Tomie
Printed in Japan